修养 | 能力 | 心理掌

追随法则

让下属死心塌地的惊人真相

吴锦平 著

沈阳出版发行集团

沈阳出版社

图书在版编目 (CIP) 数据

追随法则 / 吴锦平著 . —沈阳 : 沈阳出版社，
2018. 1
ISBN 978-7-5441-9098-5

Ⅰ . ①追… Ⅱ . ①吴… Ⅲ . ①管理学 Ⅳ . ① C93

中国版本图书馆 CIP 数据核字（2018）第 026005 号

出版发行 : 沈阳出版发行集团 | 沈阳出版社
（地址 : 沈阳市沈河区南翰林路10 号　邮编 : 110011）
网　　　址 : http://www.sycbs.com
印　　　刷 : 北京溢漾印刷有限公司
幅面尺寸 : 170mm × 240mm
印　　　张 : 16
字　　　数 : 210 千字
出版时间 : 2018 年 6 月第 1 版
印刷时间 : 2018 年 6 月第 1 次印刷
选题策划 : 张晓薇
责任编辑 : 杨敏成
封面设计 : 一个人 · 设计
版式设计 : 点石坊工作室
责任校对 : 张　晶
责任监印 : 杨　旭

书　　　号 : ISBN 978-7-5441-9098-5
定　　　价 : 39.80 元

联系电话 : 024-24112447
E - m a i l : sy24112447@163.com

本书若有印装质量问题，影响阅读，请与出版社联系调换。

前　言

当你扪心自问时，你认为自己是一个合格的领导者吗？

我们希望这个答案是肯定的。

但对于大多数人来说，他们并不能充分发挥上帝赐予自己的领导潜力。这是由他们的思想造成的，在他们的意识中，领导力就是一种头衔和权利。观念上的差池导致了领导力的歪曲，这是世俗根深蒂固的产物。头衔与权利，本身具有一定意义，但在缔造卓越领导力的过程中，它们的作用并不显著。

卓越的领导力，取决于你的思想层次、管理信念，以及你为提升领导力所采取的行动；取决于你深刻的自省，以及对与生俱来想成为领袖的自我愿望的发掘；更取决于被领导者是否心甘情愿死心塌地追随你。

这个境界非常难得！

不管你是谁，不管你的资历多老，有多么雄厚的背景，如果想要形成真正的领导力，都必须在以下三个方面打好坚实的基础——修养、能力和心理掌控力。这是颠扑不破的真理，领导力与人性有关，你要么从人性出发，要么与其背道而驰，人性本身不会妥协。

领导者的个人修养与能力，是对追随者心理形成的第一刺激，领导者正面而富有魅力的形象，正是一种强大雄浑的感召力。在新经济时代，领导者应克服官僚主义，以德服人，以实力强化领导魅力，这两点在很大程度上决定了团队的向心力和凝聚力。

心理掌控力则要求领导者从人的心理发生发展规律方面找到立足点，从人的需求、动机、愿望和意志等方面培养顺应人心、积极引导的管理理念和管理方法。它包括：理解下属、关心下属、尊重下属、帮助下属，避免使用简单粗暴的惩罚、围堵方式，想下属之所想——以此为管理人心的基础，就一定能够得到下属的真心回馈，提高团队的凝聚力和战斗力，最终带领大家完成整个团队的目标，真正实现团队利益和个人利益的双赢。

遗憾的是，历史遗留的权利痼疾干扰了我们，让我们有可能以错误的标准，来衡量领导力。所以，对这些错误观念正本清源，势在必行！

本书颠覆了以往人们在管理上的传统认知，内容理论贴合实际，实践行之有效，全文深入浅出，操作简单实用。是一本针对现代领导者以及领导问题精心撰写的管理教程。见解深刻独特，可读性极强，是本书最大的特色。它会让你一书在手，从此管理不愁！

目 录

CHAPTER *03* 欲人和，先求同
——建设共同思维，然后才有团队向心力

CHAPTER *04* 不懂沟通，团队分崩
——缺乏沟通的团队，不可能一团和气

CHAPTER *05* 有激励才出成绩
——领导者不懂激励，团队没有激情与士气

CHAPTER *08* 会用才，才聚才

——团队要聚才，与善于用人绝对分不开

CHAPTER *09* 释放权利，肝脑涂地

——高明的领导不仅是授权高手，更是控权老手

CHAPTER 01

常被忽视的形象
——领导者形象，决定自身气场与吸引力

　　领导者形象是其内在能力、素质、知识水平、道德修养等的外部表现，领导者如不善于维护自己的形象，不能够清除妨害自身形象的因素，最终只能使自己的威严和管理地位丧失。是故，领导者在抓团队"形象工程"的同时，也要抓一抓自己的"形象工程"。

形象，就是一种影响力

　　一个成功的领导者必定能给人一种难以言表的影响力，这除了领导者本身所拥有的权力以及平时所运用的权威手段外，其形象如何也是一个不可忽略的重要因素。所以，你如果想在下属面前显得更威严，就需要在形象上塑造自己的特色，即增加形象上的吸引力。

　　领导者一定要使自己表现出一种有力的姿态，这是让人肯定的基础，也是增加自信的一种有效方法。

　　萎靡不振的姿态表明你缺乏信心，使你看上去疲惫、漫不经心或者冷漠，这是树立威信的大忌。如果站直了，你不仅看起来更有精神，而且显得更有信心。

　　坐时，注意不要贪图舒服。许多人养成了瘫坐的习惯，很难改正。坐着时，如果脚不停地抖动，或者身体扭来扭去、坐不稳当，都表明你有些不耐烦。

　　弯腰时应屈膝，这不仅是有礼貌的行为（后背不会露出来），而且对保护背部有好处。

　　领导者必须有自信的走姿。走路的姿态应该是优雅、自然而且简洁的。你可以把走路的姿态录下来，或者边走边看着对面镜子里的形象，然后自问，你会怎样看待像这样走路的人？

　　一个人的手势就像语言一样，深深地受到个性的影响。手势也是文化与个性的表现。双手背在身后、挥动拳头或双臂抱胸表示生气，而用手指点则意味着指责，摇动双手说明你很紧张。这些手势都有其隐含的意义，但大多数人意识不到他们正在做的这些手势。建议你看看自己的录像，你在录像中的表现往往和现实生活差不多。手势使用得恰当会收到意想不到的效果，特别是领导者面对众人演讲的时候。你要注意动作自然，使手势与讲话内容一致。五指合拢、摊开手掌表明开诚布公；握紧拳头则意义相反，有时甚至意味着威胁。

此外，优雅得体的仪表仪态，对形象的塑造和展现有着重要的影响。因此，领导者在提升自身魅力的过程中，一定不要忽视这一点。

合适的衣着、优雅的举止，不仅能给人以好感，显示出自己对他人的尊重，更能显示出自身的修养，展现出自身魅力，能让下属们感觉到你作为一个领导的气魄。

安德鲁·卡弗里克在认真地研究衣着对人的形象的影响后，写成了《成功与衣着》这本书。书中的主要论点是：衣着适合领导特定的职业和身份，就会促进他的成功；反之，衣着不适合领导的身份，将会有损领导的形象，从而不利于领导气质的培养。

其实，这种观点不难令人理解。试想一下，美国国务卿穿着背带裤站在电视台上发表演讲，恐怕只会让人感到滑稽可笑，而不会对他产生尊敬，更不会认为他这样做会有什么魅力可言。所以领导应该十分注重自己的衣着形象，穿衣戴帽，都应当考虑到你所领导的是哪一类人，以及你是什么类型的领导，要让衣着最大限度地展示你的魅力，从而成为领导者走向成功的有力催化剂。

汉密尔顿将军是二战期间英军的著名将领。他领导自己的部队在北非与隆美尔周旋。他的穿着就很有特色。他在任何场合都喜欢穿礼服，当然也从不戴钢盔，往往戴上一顶丝棉制品的贝雷帽，给人的感觉既像西装革履的绅士，又像宽厚仁和的长者。士兵们对他既亲切，又有几分畏惧。这一形象使他在任何时候都能走进士兵的心中，成为他们中的一分子，又能随时从中走出来，使他们认识到"这是我们的司令"。

十四世纪中叶的伊戈尔曾说过："一位服装整齐的教士，乃是自我尊重的外在表现。他表现出了能够控制自己的能力，而使信徒更加虔诚地皈依基督。这是因为力量并不会是角斗与争斗，良好的外表这本身便是巨大的力量。"

总而言之，领导者一定要在形象上多花些心思，让你的形象表现出你的领袖气质，同时让你的下属体会到你的领导力量。

好气质本身就是领导力

在任何一个团队中，总有某一个人充当着核心的角色，他的言行能够被团队认可，并指引着团队的一些决策和行动。我们可以把这种人所具备的能量称为"成功者气质"。在某种程度上，"成功者气质"被认为是人格魅力的一部分。

怎样理解这种成功者的气质呢？拳王穆罕默德·阿里说："我是最棒的！"成功者气质就是这样一种力量——一种"感觉很棒"的内在力量，也是一种"影响世俗"的外在力量。一个人一旦拥有了成功领导者的气质，就被赋予了能量与活力，自然而然地由内而外散发出一种光辉，能促使他达到生命中的巅峰地位。不管是去参加宴会、出席朋友婚礼或是参加面试甚至是对着摄像机，他都能够轻而易举成为中心人物。

每一个人都具有成为成功者的潜力。被称为"好莱坞最成功领导人之一"的肯克莱屋曾说："明星是被塑造出来的，不是自然天生的。"无论是一个什么样的成功者，不管是演员、体育明星、大学者、大领导，还是美国总统，其实他们的成功者气质，无不是来自于他们愿意努力经营自己的自觉意愿，以及让自己达到成功者特殊地位的坚毅决心。

无论是一个成功的企业家，还是一位初中教师，或者仅仅是一家百货公司的售货员，"成功者气质"正是让人越过一些既定的标准而鹤立鸡群的某种特质。想象一下自己所参加的宴会中有某个人就像磁铁一样，不管他站在哪里，身边总是有一堆人围绕着他。再想象一下商业会议中的某个人，不管他们的头衔是什么，总是不由得令人肃然起敬。想象有一些人，不管他们在什么场合出现，总是能让大家放松心情，让人渴望结交认识他们，并让人自觉地信赖他们，这就是成功者的气质。

获得成功者气质，没有省力的捷径，没有快速的电梯。要想拥有成功者气质，就必须按部就班，在每一个阶段都要学习必要的课程，才能更上一层楼。就像我们学习如何穿着打扮，以及如何处理压力的情况一样，成功者气质也是可以通过学习而得到的。那么，如何一点一滴培养你的成功者气质呢？

第一，沉稳。

①不要随便显露你的情绪。

②不要向下属抱怨你的困难和遭遇。

③在征询别人意见之前，自己先思考，但不要先讲。

④不要一有机会就唠叨你的不满。

⑤重要的决定尽量与别人商量，最好隔一天再发布。

⑥讲话不要有任何的慌张，走路也是。

第二，胆识。

①不要常用缺乏自信的词句。

②不要常常反悔，轻易改变已经决定的事。

③在众人争执不休时，不要没有主见。

④整体氛围低落时，你要乐观、阳光。

⑤做任何事情都要用心，因为下属在看着你。

⑥事情不顺的时候，歇口气，重新寻找突破口，就是要结束也要干净利落。

第三，大度。

①不要刻意把有可能是伙伴的人变成对手。

②对别人的小过失、小错误不要斤斤计较。

③在金钱上要大方，学会三施（财施、法施、无畏施）。

④不要有权力的傲慢和知识的偏见。

⑤任何成果和成就都应和团队中人分享。

⑥必须有人牺牲或奉献的时候，自己走在前面。

第四，诚信。

①做不到的事情不要说，说了就努力做到。

②虚假的口号或标语不要常挂在嘴上。

③针对别人提出的"不诚信"问题，拿出改善的方法。

④停止一切"不道德"的管理手段。

培养属于自己的领导风格

每位领导者都有自己的领导风格。而下属们，也有各自的风格。在日常管理中，不同的风格难免产生冲突，从团队发展的角度来看，无论迁就哪一方，都是对领导者威信的考验。

领导风格本身并没有好坏之分，只有适应性上的差别，而组织理念作为经济实体的一个细胞，必然受到其所在的社会文化的影响。也就是说社会文化的不同导致了东西方领导风格上的差异。

亚洲人注重看人情，讲关系，强调"以治家的方式治国"，而欧洲人则更多的是本着既定的规则办事，秉承"以治国的方式治家"的原则。如果我们关注欧洲的管理哲学发展史，就会看到，亚洲其实在很早以前就一直宣扬"人尽其才""知人善用"的管理理念；而反观欧洲的管理学家们，直到今天仍孜孜不倦地追求着对工作管理的精细化。

因此对于中外的企业来说，在其社会文化环境的影响下，亚洲人企业的组织理念更侧重于"感性、亲情"，而欧洲的企业的组织理念则更侧重于"理性、规则"。从领导风格来说，亚洲的企业大多关注"人"；而欧洲的企业则更多地侧重于"工作"。

当领导就是少考虑自身需求，多考虑你所领导的人和团队的需求。领导风格不能像衣服一样试来试去，看哪件合适。相反，它们应当适应具体形势的需求、相关人等的要求以及整个团队所面临的挑战。

在《Primalleadership》一书中，普及了"情商"概念的丹尼尔·戈尔曼描述了不同的领导风格。最具成效的领导人可以在这些风格之间转换自如，采用最符合情势需要的风格，这些风格都可能成为领导人傍身之技的一部分。

第一，远见型。这种风格最适用于团队需要新方向的时刻，其目的是让人们朝着新的共同梦想前进。戈尔曼与合著者们在书中写道：远见型领导人会说明团队前进的目标，但不会限定达到目标的方式，从而让人们自由地去创新、实践、承担计划中的风险。

第二，指导型。这种一对一的风格重点在于单独培养人才，教他们如何改进自身表现，并帮助他们将个人目标与团队的目标联系起来。戈尔曼写道：指导型风格对于表现主动积极、想实现更多职业发展的员工最为有效。但如果这种风格被认为对员工管得太死，损害了员工的自信，则会适得其反。

第三，亲和型。这种风格强调团队合作的重要性，并通过让人们彼此联系来营造团队中的和谐气氛。戈尔曼认为，在试图增加一个组织中的团队和谐、提振士气、加强沟通或修复受损的信任时，这种方法尤其有价值。但他警告说，这种方法不能单独使用，因为它注重对群体的褒扬，可能会致使表现不好的情况得不到纠正。而且员工可能会认为平庸是可以容忍的。

第四，民主型。这种风格吸收人们的知识和技能，并就最终目标达成一致。在团队的发展方向未明、领导人需要大家群策群力的情况下，民主型领导风格最为有效。戈尔曼警告说，在出现危机的情况下，紧急的事态要求迅速做出决策，这种建立一致性的方法可能带来灾难性的后果。

作为一名领导，你应当在风格上尽量保持一致，即在对下属的要求上保持一致。不要第一天把制度加进协议，而到了第二天就又删减了一大部分；也不要第一周要求写一份书面报告，而到了第二周则又要求在大厅中做口头总结报告。如果你不始终坚持按规则办事，有些下属就会感到不舒服，他们希望能建立高度规范化的工作环境。

总而言之，领导者必须决定团队的领导风格。领导者的最终领导风格将随着你的要求和责任心的变化而不断演进，这些要求和责任都基于你的个性和管理手段。只要你的要求和责任在一定程度上保持不变，你就不会出现问题。当然，如果"道路没有了路标"，任何人都很可能会犯错误。所以，领导风格一定要随着时间不断演进。

让下属看见你的信誉

有诺必兑应该是领导者具有的品性之一，一个说话不算数的人，难以赢得人心。

墨子曾说："志不强者智不达，言不信者行不果。"对于领导者更是这样。与下属相处，讲信用是最起码的要求。只有这样，才能使领导者说话在下属面前收到一言九鼎的效果，使下属们严格遵照执行领导者的指示和命令。如果领导者觉得小处失信不会引起下属的注意，无关大局，那就大错特错了。因为即使是一次无意的疏忽承诺，或者延期兑现，所影响的绝不仅仅是领导者个人的声誉，它还将使下属与领导者之间的距离变得疏远，让下属对领导者说的话和下达的命令心怀猜忌，最终使得整个团队一片乌烟瘴气。

子夏说："君子必须取得信任后，才会役使百姓，不然百姓以为是虐待他们。先要取得信任，然后才去规劝他人，否则，别人以为你在诽谤他。"信发自于心，诚发自于意。信出自于口，所以成就于德。小信守于言，大信守于心，君子守言，圣人守心。这些都是流传千古的至理名言。

受欢迎的领导者，常有许多共同的待人处世的优点，其中很显著的一点便是他们在任何时候都诚实守信，遵规守约。他们常常遵循这样的原则：要么轻易不与下属相约，要么就要信守诺言，竭尽全力去办。领导者在管理工作中必须铭记：说出的话就像泼出去的水，无法收回。

做生意第一要诀就是要诚实，只有真诚待人，才能做成大生意。弄虚作假，只能是一锤子买卖，终究是要弄巧成拙、惨遭失败的。在当今，作为一个企业的领导者，更应以诚信为本，那种开空头支票、轻诺许愿的人，最终只能失去信誉。同样，作为领导者也应当以诚取信，从而赢得人心。

有一家私营企业的董事长，当初是个农民，家徒四壁，也没有办企业的经验。可是，当他决定办厂时大家都来帮助，邻里和朋友们毫不犹豫地借给他十几万元资金，结果获得了成功。有人想不明白，当初人们为什么会借钱给这个可能没有偿还能力的人。事情原来是这样的：还是在人民公社的时候，他和一位农民开玩笑打赌，赌注是谁输了谁就挑走村里晒谷场上的一大堆石头。结果他输了，他便去挑晒谷场上那堆成了像小山一样的石头。和他打赌的人对他说："这是开玩笑，千万不要当真。"但他说既然打了赌，就得说话算数。他断断续续地挑了三个月，空出了一大片地，他在空地上种了几棵桃树，现在那几棵桃树每年都结满了果实。人们在品尝甜美桃子的同时，无不赞美他是一个说话算数的人。把钱借给这样的人，还有什么不放心的吗？

春秋时期，晋文公有一次率领军队攻打原城，他与全军将士约定只打十天，十天打不下来就撤兵。于是，每个人只带了十天的口粮就出发了。到了原城，虽然全军将士奋勇作战，但由于原城人顽强抵抗，故而一直过了十天，原城也还没有被攻破。于是，晋文公就下令收兵回国。

这时，有一个从原城出来的人见到晋文公说："原城里的粮食快吃完了，士兵也没有力气作战了，他们最多只能再支持三天。"群臣们也都向晋文公进谏说："我们还是再坚持一下吧，再过三天我们就可以得到一个原城了。"晋文公说："我和将士们约定好只打十天，现在已经十天了，如果我不撤兵，那我就失信了。得到了一个原城却失去了信用，这是很不值得的，我不能这样做。"于是就收兵而回。原城人听说了这件事，都说："哪有君主像他那样守信用，我们为什么不归顺他呢？"于是，原城人就归降了晋文公。卫国人听说了这件事，也说："能有个君主像他那样守信用，我们为什么不归顺他呢？"于是，卫国人也归顺了晋文公。

古今中外的杰出领导者，无不强调信誉第一，忠诚为上。把"信"作为立身之本。只要答应过的事情，就要"言必信，行必果"，所谓"君子一言，驷马难追"，赢得信任，对施展各种"攻心术"具有奠基的作用。

有的领导者高兴的时候，对下属随便做出承诺，不管结果能不能实现，只图一时的口头兴奋，不久后食言反而装着若无其事，好像从来都没有说过那句话似的。

有些领导者错把轻易许诺作为激励下属的手段，实际上，这样做也许在短期内能起到作用，但从长远看，效果并不好。一旦许诺不能及时兑现，下属会伤心失望，干劲大减。

有些许诺关系着下属的前途与未来，下属们对此极为敏感，在工作中牢牢记住上司说过的每一句话。因此，你不能心情一高兴，忘乎所以，信口开河，更不可随意许诺，而当下属达到要求时却又根本不提，这只能削弱企业下属的战斗力。所以，每一位领导者都要切记，在管理活动中切忌瞎许诺，乱开空头支票。不是有绝对把握的事情，不要随便向下属们许诺，否则，届时不能兑现，后果不堪设想。

有气度就有感召力

能否宽谅曾经反对过自己的人，是能否做到成功用人的一个重要方面。对于现代领导者来说，要想吸引能人，做到成功用人，就必须要有宽大的胸怀，要具备宽谅反对者的素质。

约翰逊是一个玻璃制造商，拥有一家规模不大的企业——新英格兰玻璃公司。约翰逊与其他玻璃制造商一样，渴望公司能发展壮大，成为美国玻璃制造业的巨擘。而迈克尔·欧文斯则是其玻璃公司一名普通的工人，同时还是当地颇有声望的工会领导人之一。

　　在一次罢工运动中，欧文斯鼓动工人反对约翰逊，要求增加薪水，缩短工时并改善工作条件。这次罢工迫使约翰逊把公司迁往另一个城市，但约翰逊在把公司迁走时，不仅没有开除欧文斯，反而把他和少数工人一起带到新厂所在地，并重用欧文斯。

　　原来，在罢工期间，欧文斯曾代表工会与约翰逊进行过谈判。在双方唇枪舌剑的交锋中，约翰逊发现欧文斯不仅血气方刚、敢想敢说，同时还是一个在玻璃生产和技术改革方面不可多得的天才。欧文斯除了要求公司改善职工待遇外，还激烈地批评了约翰逊在生产管理、技术革新等方面存在的问题。约翰逊认为，欧文斯谙熟制造工艺，并对某些问题有独到见解，因而，他不仅没有因为欧文斯带领工人与自己作对而怀恨在心，反而起了爱才之心。因此，他在搬迁公司时，特意带上了欧文斯。

　　到了新的地方后，约翰逊开始注重发挥欧文斯的才干，他不计前嫌的宽宏大度使欧文斯深受感动，他们开始了真诚的合作。3个月后，欧文斯向约翰逊提出了一连串的建议，并被约翰逊全部采纳，根据这些建议制定的措施使公司大受裨益。约翰逊也因此更赏识欧文斯，委任他担任了部门的监工。两年后，再次提升他担任公司业务部门主管。

　　就这样，两个曾经在谈判桌上针锋相对的对手，变成了一对亲密无间的合作伙伴。此后，约翰逊一直不遗余力地在各方面支持欧文斯对玻璃制造工艺的改进。而欧文斯也不负厚望，他一次又一次成功的技术革新，使约翰逊的公司成为闻名全球的大型企业。

　　由此可见，一个领导者是否具有不计前嫌的胸襟，直接关系到他能否纳才、聚才和用才，而且也关系着团队的发展前途。因此，一个优秀的领导者对于有才华的反对者就应以宽广的胸怀和大度的气量主动去接近、团结并启用他们，让他们感受到你的爱才之心和容才之量，从而使他们改变对你的态度，并愿意为你所用；同时，也让你更富有吸引别的优秀人才加盟的魅力。

没人喜欢架子大的领导

肖某是一个白手起家的大老板，他的事业做得很大，但与员工的关系却并不好，原因是他的脾气太暴躁，责骂起下属来一点也不给人留面子。员工们私下里说，一定是老板当打工仔时受了太多气，现在把气都撒到他们头上来了。肖某的一个老朋友看到他怎样对待员工后，叹息着说："你的脾气太大了，太能摆架子了，你想做垃圾堆里的老板吗？"后来肖某果然尝到了坏脾气的恶果：他得力的助手一个个离开了他，他发现自己再也没有什么可指挥的人了，事业也急转直下……痛定思痛，他决定改正自己的缺点，他向全体员工道歉，并表示以后绝不会再乱发脾气，他做到了这一点，以往走掉的员工又慢慢回来了，公司更加团结，事业也成功地走出了低谷。

工作中常见一些领导十分爱摆官架子，他们在工作中甚至在日常生活中表现出一种高高在上，令人难以接受的态度，与周围的人和下级之间保持着相当的情感上的距离。

其实，很多领导也并不是故意想摆官架子，但他们没有注意下属的心理变化和情绪波动，也没能适时调整自己的行为举止，结果被下属误解为有架子。

一个调查表明，不愿接近领导的人中，有三分之一的人是因为领导架子大；百分之七十的人认为，双方关系不融洽的主要责任在领导，这很能说明一些问题。新步入领导岗位的人，较为容易引人注目，大家在观察、分析他是否称职，他的能力如何，他的思想修养怎样，他的言谈举止是否恰当，他怎样处理与下级的关系等。对自己的经验、能力缺乏足够自信的人，会因此而形成一种心理上的压力，认为别人会不尊重自己、轻视自己。于是，新上任者反而不知如何调整自己的心理距离了。他们往往在行为上就来一个反抗——表面化的威严，这在别人眼里可能就是架子。另一方面对自己的能力、经验有足够估计的新领导，有了发挥自己才干的条件和机会，更多考虑的是如何工作，如何使自己的计划、设想付诸实施。往往会忽略了与大家感情上的交流。都会使人产生消极的心理反应，认为你"摆架子"。

长期处于领导岗位的人，由于工作的多头绪、繁忙，很可能在一些自己不注意的地方造成下级的难堪和反感。有的领导在下属来谈工作时，坐在那儿像尊佛爷，既不请坐，也不停下手头的工作，或者是敷衍地哼哼哈哈，给人的印象、在人情绪上造成的影响都是很不好的，有自尊心的人会尽量避免与你接触。所以，千万不能忽视这些看来是无足轻重的细小行为，礼貌与关系虽然有时只是一两句话，但赢得的不仅仅是工作上的相互配合，更重要的是思想感情上的相通和互相信任与尊重。

另外，做领导者应注意，不要乱发脾气，这样很容易破坏与下属间的关系，拉大同下属间的距离。

有的领导控制不住自己的脾气，下属做错了事，或在批评下属时，对方态度恶劣，便立刻破口大骂。结果在极为生气的情况下，对下属说了许多有伤其自尊心的话，事后却又后悔不已。此时再请求对方原谅，就不是那么容易的事了。下属总是希望领导能以宽容的美德对待自己，但其又常常不真正原谅别人的过错。即使嘴上说了原谅的话，心里仍在想："这家伙，骂我骂得这么难听，你气出完了就叫我来原谅，有这么容易吗？"甚至嘴里心里都想原谅对方，潜意识中却仍然耿耿于怀。一遇到合适的时机，对对方的反感就会反映出来，所以领导者同下属交往时，千万要注意自己的情绪，不可任意对下属发脾气，以免破坏同下属之间的关系。官架子这种东西，领导最好不要摆，因为它最容易使下属产生反感情绪，阻碍领导与下属的成功交往。

以幽默形象取悦下属的心

　　一些领导者很讨厌下属开自己的玩笑，自己也不会去和下属开玩笑，他们以为这样做是在维护自己的威严，实际上却是让自己的形象变得更加冷硬而已。适当地和下属开开玩笑，会使自己显得和蔼可亲，不那么高高在上，这更有利于工作的开展。

　　约翰·布鲁斯是一家美国大公司的部门主管。作为一名领导者，他一直再反复问自己："下属们真正喜欢我吗？"

　　幸而，约翰·布鲁斯很有幽默感，他开始把幽默发展为感召力量。我们来看看发生在圣诞节期间的一件小事，他的幽默力量是如何发挥的：

约翰·布鲁斯去开一项业务会议回来，发现他属下的职员们聚在办公桌旁，哼唱着韩德尔的神曲《弥赛亚》中的一段哈利路亚大合唱。

由于他的出现，歌声立马中断，每个人都急急忙忙地奔回工作岗位。

但是，约翰·布鲁斯没有皱眉头表示不悦，也没有大声责骂，他只是慢慢说道："我可以断定，你们并不精于此道。"

事实上，现代美国企业界的大人物们普遍能够接受别人的玩笑，其中有些人不仅乐于接受取笑，还善于用玩笑礼尚往来。有幽默感的老板们甚至以欣赏的态度对待他人的玩笑。在他们看来，开玩笑表示喜欢。

人际关系专家认为，在说玩笑话的时候，常常用反语来表示真正的含义，所以玩笑往往是夸大其词，但效果确实不错。像上文中约翰·布鲁斯的这种处理方式，即使下属们感受到他是容易亲近的，同时又达到了提醒的目的，真可谓是一举两得。

假如我们这些领导者都能用幽默的方式显示出自身的缺点和过失或工作中的矛盾，就可能在你和下属之间形成一种轻松亲切的感情交流，在相互理解、礼貌友好的交谈之中，建立起良好的工作共事关系。当领导不但要有威严，还要有亲和力、有人情味，死板着脸未必能获得拥戴，适当地跟下属开开玩笑，对于拉拢和控制部下往往能收到异乎寻常的效果。

是故，在现实生活中，如果你是一位领导者，应该注意：

1.当别人向你开玩笑或取笑你的时候，不管你喜不喜欢对方的幽默，都要尽量和大家一道笑，以此表现一位领导者所具有的幽默风度。

2. 在笑自己的时候，不要以自己为中心。要运用幽默的方式表现对下属的体谅与关心，从而鼓励他们的乐观态度。

3. 对玩笑要有适当的节制。为了工作的正常进行，你和下属都不可能把大量时间花费在无休止的玩笑中。玩笑多了也会使人感到懈怠和厌烦。总的来说，上级与下属之间的玩笑应当有利于工作的进展，否则就是无聊的玩笑了。

诚然，对待工作，我们应该秉持科学、认真、严谨的态度，但这并不等于不苟言笑。我们或许不会嘲讽下属的工作错误，但在为其指明错误时，也不能过于苛刻，激起下属的叛逆情绪，阻碍工作的正常运转。请记住，我们的根本目的是为了成功，在这种前提下就应该维持乐观的工作氛围，领导者需要以自身的幽默来渲染团队的情绪。

有时无声胜有声

人们常说：沉默是金，开口是银。一句简简单单的话语却道出了人际交往中的一条重要规律。身为领导者，在与下属交流时常常得多开口，但是有没有想过，过于"健谈"是不是已经引起了下属的不满呢？其实，适当的沉默，给下属留下一个宁静的空间。巧妙地运用它，将会得到意想不到的收获。

1. 威严来自沉默

领导者的权威，主要来自于他的模范行动、被赋予的权力、卓越的才能、语言表达能力等，但是，有时也与沉默有关系。比如，人们对那些爱唠叨、"嘴碎"的人都很反感，说他们"婆婆妈妈的"、"絮絮叨叨的"。实际上，这种"婆婆妈妈"的人多是好心肠、热心肠的人，但有了这种"嘴碎"的毛病，往往会引起别人的反感。

"响鼓不用重槌敲"。如果一个领导者也是这种"婆婆妈妈"、"唠唠叨叨"的人，那么下属就会认为这是对他们不放心和不信任，对上级产生疏离情绪和逆反心理。如果一个领导者珍惜自己的语言，该讲的话讲完之后不再重复，不絮叨，适当地保持一定的沉默，反倒会收到良好的效果，既可保持上级应有的威严，又可使下级感到自己被信任。

2. 矛盾在沉默中化解

领导者在与下级的交往中，有时可能会与下级在某些问题上发生矛盾，有时下属之间在某些问题上也会产生矛盾。当矛盾发生时，有时立即表态，予以解决是必要的，而有时则需要沉默一下，缓和一下矛盾，效果反而更好。

当上级批评了下级，下级认为不符合事实，觉得委屈，火气很大，反唇相讥，当面顶撞时，领导者若予以严厉反驳，施加压力，定会招致下级更大的逆反心理，甚至发生更大的顶撞、争吵，激化了矛盾，使领导者无法收场，下不了台。如先行沉默，待下属怒火发过，再据理批评，这样有利于解决矛盾，避免冲突，又显示了领导者的豁然大度和良好修养。

下属之间发生矛盾，而且双方都相持不下时，领导者即使认为一方是对的，也不宜马上表态，否则另一方正在气头上，理亏也不愿认输，还认为上级不公正，偏袒对方。此时，领导者若沉默少许，可能会使冲突双方警醒，觉察出各自的失态和无礼，从而趋于冷静，有利于矛盾的缓和和解决。

3. 借沉默思考

领导者少不了要讲话、表态、拍板、决策，而这些活动不是可以信口开河、信手拈来的，需要经过深思熟虑，成竹在胸后方可见诸行动。因此，听取下级的汇报，发表对工作的意见，解决下属间的矛盾，协调下级间的关系，领导者不宜当即表态，而应保持必要的沉默。

这样做，一是表示倾听，对下级的陈述和汇报都是认真听的；二是借沉默之机边听边思考，理顺思路，形成看法；三是寻找解决办法及时机，一旦时机成熟，便抓住机遇，恰到好处的提出指导性意见或做出决定。

4. 批评下属要适当沉默

在批评下属时，适当的沉默、宁静可以起到"此时无声胜有声"的作用。通常来讲，当批评下属时，他的情绪波动是很大的。每个人都有自尊心，成年后更是觉得面子是很重要的。也许领导者只是想苦口婆心地劝导他一番，并无他意，但是无形中却伤了他们的自尊心，让他们觉得颜面挂不住，索性产生了"破罐子破摔"的心理，如果是这样批评岂不是得不偿失？不要到处都充满斥责声，在适度批评之后保持一个沉默的空间，让被批评者有时间冷静地想想自己的所作所为，相信这更是一种对当事人的威慑。一方面，下属会因为领导者"点到为止"感谢为他们保留了颜面，另一方面也显示出了领导者宽广的胸怀。默不作声并非是对错误的迁就，而是留给了对方一个自省的余地。

不要以为一位面面俱"道"的上司，就是一位无微不至的好上司。领导者的唠唠叨叨使周围的人把握不住说话的要点，对要做的事情没有一个清晰的概念，从而在实际操作中抓不住重点，却选择了在细枝末节上下功夫。也许领导者是一位心细如发的上司，但是过于细致地对下属叮咛反而会引起他们的反感，他们会认为对他们没有信心，对他们的决断思考能力还有怀疑。年轻的下属会觉得婆婆妈妈，不够爽快利落；年老的下属会认为不尊重他们，否定了他们的办事能力。久而久之，领导者便会成为他们厌烦的对象与不愿接近的人。

领导者言简意赅地传达对下属们的要求和期望，如有必要，再把注意事项交代清楚即可，然后就可以保持沉默，留一些时间给下属们好好考虑具体的步骤。当他们的想法不够准确、圆满时，才可以适当地给予补充，作一次适时的指导，但千万不要剥夺下属发言与思考的权力。

不要喜怒哀乐尽形于色

无论何人，只要在社会上混过一段时间，便多多少少练就了些察言观色的本事，他们会根据你的喜怒哀乐来调整和你相处的方式，并进而顺着你的喜怒哀乐来为自己谋取利益。你也会在不知不觉中，意志受到了别人的掌控。如果你的喜怒哀乐表达失当，有时会招来无端之祸。

因此，高明的主管一般都不随便表现这些情绪，以免被人窥破弱点，予人以可乘之机。

越是精于权术的人，城府便越深。

事实上，喜怒哀乐是人的基本情绪，世界上根本没有那种心如止水的人。

没有了喜怒哀乐，这种人其实蛮可怕的，因为你不知道他对某件事的反应、对某个人的观察，让人面对他时，有不知如何应对的慌乱。

事实上，没有喜怒哀乐的人并不存在，他们只是不把喜怒哀乐表现在脸上罢了。对于领导者来说，在人际交往中，做到这一点是很重要的。所以，要把喜怒哀乐藏在口袋里，别轻易拿出来给别人看。

主管一旦露出了真情，就容易为人所看穿，以至于受到拨弄，而导致做出错误的决策。

"喜怒不形于色"，亦即尽量压抑个人的感情，而以冷静客观的态度来应付事情，这种性格的人才配做领导者。

这种性格至少有三大优点：

（1）当组织内部遭遇困难时，如果领导者露出不安的表情或慌乱的态度，便会影响到全体员工，一旦根基动摇，就会带来崩溃。这种情况下，如果能保持冷静、若无其事的态度，最能安抚民心。

（2）在对外交涉时，具有从容镇定、成竹在胸的风度。如果把持不住露出感情，如同自亮底牌一般，容易被对方控制，而屈居下风。

（3）在官场上，不轻易表露自己的观点、见解和喜怒哀乐，被称为"深藏不露"，这是古今中外的领导者用以控制下属的一种重要方法。

历来聪明的当权者一般都喜欢把自己的思想感情藏起来，不让别人窥出自己的底细和实力，这样部下就难以钻空子了，就会对领导感到神秘莫测，就会产生畏惧感，也容易暴露自己的真实面目。领导如同在暗处，下属如同在明处，控制起来就比较容易了。

CHAPTER 02

没才能，就无能
——过硬的才能，是让人死心追随的硬实力

　　管理的实质是影响力的发挥，它需要通过领导者的以身作则、率先垂范，征服下属的心理感受，使他们心悦诚服地完成领导者指令。事实一再证明，领导者若能用赢得的权力的品质来维护权力，管理工作就很容易获得成功。

必须制造一个优秀的自己

当你不能管理自己的时候，你便失去了所有领导别人的资格和能力。这就像两千多年前孔老夫子对鲁哀公所说的那样："政者，正也。君为正，则百姓从政矣。"即，律人之前定要先律己。

不过，如今很多领导者似乎并不这样想，他们可能觉得自己就是一个团队的"老大"、就是"土皇帝"、就是"特权阶层"。于是，总是一味地去要求员工，却放纵自己。结果，员工都被他们带坏了。有些朋友可能不认同这种说法，可能会申辩：我教过他们怎样做一个好员工！但你不知道"为人师表"这个道理吗？人，很容易受到"权威"的影响，上学时，对他们影响最大的是自己的老师；参加了工作，他们就很容易对领导有样学样。他们的眼睛会一直盯着你，他们看到你做得比听到你说的效果要大得多！

事实上，任何一个团队想要获得成功，其领导者都必须是懂得自律的，他们是最严格的自我监督者，无论要求什么，都率先从我做起。这种精神，会在团队内形成极大的感染力，让下属打心眼里服从，这样的领导，其威信又怎会不高？这也正是三洋公司总裁井植薰"欲律人先律己"的精髓所在。

井植薰常说："不能制造优秀的自己，怎么谈得上制造优秀的人才？优秀的领导者才能制造出优秀的人，再由优秀的人去制造优秀的商品、更优秀的自己和更优秀的他人，这就是三洋的特色。"

井植薰这种极度体现自律精神的经营哲学，感染了三洋公司的全体员工。他是这么说的，更是这样做的。自打成为三洋的董事长、总经理的那一天起，他就从来没为自己格外制定什么标准，要求别人做到的，他自己首先做到。对于公司的规章制度，他也是极力遵守，从不纵容自己越轨。例如，当时三洋公司推出的力戒"去向不明"政策，井植薰就带头遵守。当时还没有手机等先进的通信设备，一旦有什么紧急的事情要找什么人员，而他不在公司也不在家，没人知道他的去向时，往往会误大事。所以，针对这一情况，井植薰要求所有的人员外出，必须让公司知道。井植薰每次外出，必定让公司的其中一个人知道他的去处，即使是私事也不例外。这样，这项制度，就在当时的三洋公司推行开来，全体员工没有任何怨言。

井植薰要求员工尽力为公司考虑。他认为，如果一个职工下班后一跨出公司就只过自己喜欢的生活，那他一辈子也不可能被提升到重要的职位上。员工应该站在更高的层次上来要求自己、完善自己。在这一点上，井植薰也是这样要求自己的。对于他来说，一天除了睡觉之外，其余时间都在考虑公司的事情。

井植薰在教导员工"如何做"时，总是要求自己能率先做到，正像他在一次谈话中所说的那样："领导者如果以为公司的规则，只是为普通员工制定的话，那就大错特错了。它应该是公司全部的人都必须遵守的规矩，包括部门经理、总经理、公司总裁、董事长等高层领导者。如果因为自己是高层领导，下面的事有人代替去做，就以为迟到几十分钟无关紧要，那是绝对行不通的。大家都听过上行下效吧？前面有榜样，后面就有跟随者。这种模仿，长久如此便会造成公司上下的懒散作风，这足以让一个前景大好的公司面临失败的深渊。"

有一次，一位记者问他："您现在年事已高，还以身作则，会不会太累？"

井植薰回答道："再累也得坚持啊！不以身作则，对部属就不可能有号召力和感染作用。我作为三洋的董事长、总经理，在国内有7万双眼睛盯着我看，大家都在注视我的行为，我必须得谨言慎行，不能有半点失误。"

榜样的力量是无穷的，员工随时随地都在看着领导。正是井植薰这种以身作则、身先士卒的表率精神，让三洋公司的员工，都不满足只做好本职工作，从而使每一个提升的人，都成为大家的榜样；榜样又严于自律，努力影响着别的员工，使大家都成为"优秀的人"；"优秀的"三洋人，又生产出"优秀的"三洋产品，三洋企业才得以取得辉煌的成就。

事实上，那些真正的卓越领导者，都是像井植薰先生一样，能够通过自己的榜样作用影响别人的，他们会通过这种方式使员工成为自己的追随者，跟着自己冲锋陷阵。他们会以此来鼓舞员工朝着团队的预定目标迈进，给予他们追求成功的力量。

我们需要认识到，下属的一些行为，其实大多是领导者自己做过的。所以，如果我们不希望在员工身上看到哪些问题，那就请先看好我们自己。有句俗话说得好："山羊领导的狮子是永远也打不过由狮子领导的羊群的。"作为领导者，我们不能只满足于分派任务，一定要身体力行、严于自律，才能带领团队突破困境，实现团队的目标。朋友们请记住：己不正，焉能正人？

要有领头狼的气势和姿态

美国著名将领巴顿将军有一句非常著名的话——"在战争中有这样一条真理：士兵什么也不是，将领却是一切……"

巴顿将军为什么说这样一句话？让我们先来看下面的故事。

有一次，当巴顿将军带领他的部队行进的时候，汽车陷入了深泥。巴顿将军喊道："你们这帮混蛋赶快下车，把车推出来。"

所有的人都下了车，按照命令开始推车。在大家的努力下，车终于被推了出来。当一个士兵正准备抹去自己身上的泥污时，惊讶地发现身边那个弄得浑身都是泥污的人竟然是巴顿。这个士兵一直都将这件事记在心里。直到巴顿去世，在将军的葬礼上，这个士兵对巴顿的遗孀才说起了这件事，这个士兵最后说："是的，夫人，我们敬佩他！"

在看完这个故事以后，我们再来品味一下巴顿将军的那句名言——"在战争中有这样一条真理：士兵什么也不是，将领却是一切……"聪明的领导者想必已经发现了这句话背后隐藏的深意，即——士兵的状态，取决于将领的状态；将领所展示出的形象，就是士兵学习的标杆！很显然，这一道理不仅适用于军队，将它放置于任何一个组织中都同样适用。我们完全可以说，凡是能够带领团队取得成功的领导者，必定是以身作则的领导者，企业没有无能的员工，只有无能的领导。对于这一点，法国人的偶像拿破仑·波拿巴曾做过一个很经典的比喻——"一头狼率领的千头羊群，一定胜过一头羊率领的千头狼群"；而在咱们中国也有俗语——"兵熊熊一个，将熊熊一窝"，说的都是优秀将领对整个团队的重要性。有道是"强将手下无弱兵"，我们这些做领导者的，在员工心目中就是一方上将，如果说我们这员大将有气魄、有能力，临阵对敌英姿勃发，那么我们的下属就会成为一群"嗷嗷叫"的士兵；如果说我们这些为将者本身就很无能，那么下属想必也厉害不到哪去儿。

一个国家且不管是大是小，首先国王不能弱，我们纵观中国历史就会发现，当皇室暗弱、帝王沉沦之时，这个王朝离覆灭的日子也就不远了。再看那些开国之君，如嬴政、如刘邦、如刘彻、如李世民、如朱元璋等，哪一个不是强悍之人？现代团队也一样，一个团队强不强，其领导者是关键，尤其是对于刚刚组建的团队而言更是如此。国内目前数一数二的团队，其领导人哪一个不强势（并非霸道强横）？长江的李嘉诚、海尔的张瑞敏、华为的任正非、万科的王石、格力的董明珠莫不如是。国外也不例外，如：甲骨文的埃里森、维珍的布兰森、已故苹果总裁乔布斯、前东芝集团董事长土光敏夫等等。

说到土光敏夫，这里就不得不提到一个故事。

据说，有一次，土光敏夫听业务员反映，公司有一笔生意怎么也做不成，主要是因为买方的课长经常外出，多次登门拜访他都扑了空。

土光敏夫听了情况后，沉思了一会儿，然后说："啊！请不要泄气，等我上门试试。"

业务员听到董事长要"御驾亲征"，不觉吃了一惊。一是担心董事长不相信自己的真实反映；二是担心董事长亲自上门推销，万一又碰不上那企业的课长，岂不是太丢一家大企业董事长的脸！那业务员越想越怕，急忙劝说："董事长，不必您亲自为这些具体小事操心，我多跑几趟总会碰上那位课长的。"

业务员没有理解董事长的想法。土光敏夫第二天真的亲自来到那位课长的办公室，但仍没有见到课长。事实上，这是土光敏夫预料中之事。他没有因此而告辞，而是坐在那里等候，等了老半天，那位课长回来了。当他看了土光敏夫的名片后，慌忙说："对不起，对不起，让您久候了。"土光敏夫毫无不悦之色，相反微笑说："贵公司生意兴隆，我应该等候。"

那位课长明知自己企业的交易额不算多，只不过几十万日元，而堂堂的东芝公司董事长亲自上门进行洽谈，觉得赏光不少，故很快就谈成了这笔交易。最后，这位课长热切地握着土光敏夫的手说："下次，本公司无论如何一定买东芝的产品，但唯一的条件是董事长不必亲自来。"随同土光敏夫前往洽谈的业务员，目睹此情此景，深受教育。

土光敏夫此举不仅做成了生意，而且以他坦诚的态度赢得了顾客。此外，他这种耐心而巧妙的营销技术，对本企业的广大员工是最好的教育和启迪。东芝公司在土光敏夫的带动下，营销活动十分活跃，公司的信誉大增，生意兴隆发达。

这就是一个卓越领导人该做的！作为领导者，我们在要求下属和员工做事时，自己首先就要做到。对于员工而言，他们一开始可以"不知道做什么"，但我们就有责任让他们明白"该做什么"；他们一开始可以"不知道该怎么做"，我们就有责任让他们明白"该怎么做"。换而言之，我们必须要成为"强将"，并用自己的"强势"带动属下成为精英。这就需要我们：

首先，培养与时俱进的自驱力。这是一种塑造梦想和传递梦想的能力，拥有这种能力的人可以把一件平凡事上升到理想的高度，懂得在平凡中注入一种崇高的荣耀，这一点在很多卓越的领导者身上都有体现。譬如说马云，马云这个人就像是三国的刘备，自己带兵打仗的能力不一定有多强，但却很善于用"梦想、使命、价值观"来笼络人才，使很多人心甘情愿地追随他，为他效力效命。不过需要提醒大家，用梦想刺激下属，也要讲究与时俱进。打个比方，你不能看柳传志最开始以"产业报国"为口号卖PC，也依葫芦画瓢。事实上，柳传志那样喊是有特定历史背景的，而且这个梦想在当时确实也能起到振奋人心的作用，但是现在，PC遍地都是，你再以"产业报国"为口号卖电脑，非让人家笑掉大牙不可。换而言之，不同时代有着不同的追求，我们这些做领导的要懂得把握时代脉搏，我们没有"报国"的能力，但我们可以"报家""报社会"……总而言之，你要给下属一种理想上的驱动力，因为靠理想驱动和靠欲望驱动的团队，最终取得的成绩肯定不一样的，前者足以赢得整个社会的尊重，后者则可能只会在自己的小圈子中徘徊。

其次，养成身先士卒的执行力。史瓦兹·柯夫将军说："只会下令要部下上战场，算不得英雄；身先士卒上战场；才称得上是英雄好汉。"领导者的榜样作用具有强大的感染力和影响力，是一种无声的命令、对部下的行动是一种极大的鼓舞。相反，如果说我们要求自己是一个原则，要求部下又是一个原则，这个肯定是没有领导力的。国内，在这一方面表现尤为突出的杰出领导者当属比亚迪的王传福和巨人的史玉柱。王传福这个人，我们简直可以用"工作狂"来形容他，他对技术的狂热绝对是一般领导人所达不到的；而史玉柱，最有名的莫过于亲自到农村向老大娘推销脑白金以及每天做 10 个小时游戏客服的故事了。

再次，具备感怀大众的领导力。我么一再谈论领导力，其实归根结底就是一种团结部下的能力。一个能够让精英团结在自己周围的领导者，在人格上必然是值得众人信赖的——我们可以有缺点，但德行上不能有缺失；在利益上必然是愿意与团队分享的——像任正非，他就只有华为 1.1% 的股权；在工作上必然是能够以成就感来驱动部下的——就像我们前面提到的马云、柳传志。唯有做到这些，我们才能令一帮志同道合的精英人士紧紧团结在自己周围，一起解决团队的困难，一起追逐团队的梦想。

毫无疑问，一个团队的兴旺发达，离不开支撑他的强兵强将，倘若我们这些领导者都能按照"强将"的标准来要求自己，武装自己，长此以往，潜移默化之中，相信我们的手下也就不会再有"弱兵"了！

最后还要提醒大家：我们自己强，不算强，真正的"强将"不能光顾着自己强悍，更重要的是，我们要建立一套伟大的机制，帮助部属们一起强、一起悍。我们不能做楚霸王项羽那样的人，他就很强，简直天下无敌，但却见不得底下人比他强，有人而不能用，像这样刚愎自用的领导者最终只会造成"大树底下不长草"的局面，带不出真正强悍的团队。

冲阵在前才能唤起下属崇敬感

很多人在困难与挫折面前，都是极易灰心丧气的，但作为领导者，这是万万不行的。因为如果我们经不起挫折的考验和失败的打击，那么整个团队都将萎靡不振，又何谈团队目标的实现？

当然，人类的本性会在危急时刻的应激反应中会表露无遗。平常说话大声、表现豪爽的人，一旦面临危急存亡，说不定就会狼狈不堪，那些平常刻意掩饰的缺点在这个时候很容易完全表露出来。但如果说我们是这样，如果说我们让部下看到自己在紧要关头不知所措，那他们一定会非常失望，从此不再理会我们所做出的指令。

春秋时期，晋国赵简子率军攻打近邻卫国，很快就包围了卫国的都城。在晋国的强攻面前，卫国城中的百姓们顽强地进行抵抗，战斗十分激烈。卫国城中的守军们不停地向城外的晋军射箭和掷石块，赵简子撑着一把巨大的皮盾，自己躲在皮盾的后面，用战鼓指挥将士们攻城。晋军士兵个个畏缩不前，赵简子很生气，他沮丧地将鼓槌掷在地上说道："没有想到昔日一往无前的晋国雄兵，今天会没落到这种程度。"看到这种情形，谋士独自过来开导赵简子说："主公，要说有错，错应在您才对。不能埋怨我们晋国的三军将士。忆往昔，我晋先主献公吞并 17 国，征服 30 国，难道不是靠的这些晋国军队吗？献公去世，惠公即位，对国民横征暴敛，纵情声色，导致国力衰弱，强敌乘虚侵入我国，秦国铁蹄如入无人之境，直抵国都近郊，不也是晋国军队团结人民打退了侵略者吗？文公即立以后，国威复振，一战而取卫国之郢地，城濮之战，连败楚军，遂成霸业，用的不也是晋国的军队吗？主公今天为何怨我们晋军的士气衰微呢？现在的主要问题是您做得不够好，而不是将士们的士气不振。"

赵简子听了后内心里感到很惭愧，立刻扔掉了大盾，操起兵器，大声一呼，冲锋在前，将士们很受鼓舞，人人奋勇争先，最后终于攻下了卫城。

下属心目中合格的领导者，是在非常时期能够表现得与众不同，且能够断然地做出决定，迅速敏捷地采取行动的人。只有这样的领导者，他们才能心甘情愿地尊之为"领导"。其实不仅仅是人，甚至就连动物也会对它们的领导者抱有这种期望。据说，动物学家们就曾做过这样一个实验，是关于领导行为的研究，很有趣，我们来看一下：

动物学家让动物园饲养员用狮子皮装成狮子进攻黑猩猩群。黑猩猩群一开始非常害怕，它们不禁哀号起来，但不久，惊人的一幕出现了——猩猩们的首领拾起身边的树枝，做出向狮子挑战的样子。事实上，它也很怕狮子，但却没有逃跑，而是勇敢地率先向狮子做出攻击动作。为什么会这样呢？因为它也很明白，如果自己在这个时候临阵脱逃，就一定会被同伴们鄙视，就再也不能做首领了。

团队中的领导者也应如此。在竞争愈来愈激烈的今天，团队随时随地都有可能面临各种困难。如果我们表露出束手无策、无能为力的样子，那么整个团队都会作鸟兽散；相反，如果我们能够身先士卒面对难关，坚定沉着的精神就会传递给部下，大家就会和我们一起勇敢地面对挑战。这种身先士卒的行为，客观上维护了我们在团队中的威信，使下属能够从内心中真正地认同我们。

著名的伟大领导者拿破仑·波拿巴就常常用他那豪迈的气概，带动部队的士气和提高战斗力。他坚定地认为，在千钧一发的关键时刻，将帅本人的坚毅决心和模范行动，是拉动火车前行的火车头，是取得战斗胜利的巨大精神支柱。

艾劳战役中，由于法俄两军势均力敌，战斗异常激烈，难于一决胜负。为此，拿破仑亲率一支步兵停留在艾劳墓地那个战斗的中心地点。此时俄军的炮弹纷纷落在他的前后左右；被炸断的树枝不断地掉到他的头上，有许多侍卫相继倒下和牺牲，拿破仑本人也随时都有中弹身亡的危险。但是，拿破仑冒着生命的危险，镇定自若地在墓地停留了几个小时，从而稳定了军心，使得自己的步兵毅然地屹立在这个死神笼罩的地方，时刻待命出击，直至取得艾劳战役的最后胜利。

商场亦如战场，企业立足于竞争之中，不可避免要遭遇一些突发事件，这些事很有可能会打乱我们的军心，使员工们处于惶恐之中。这个时候，作为领导者，我们首先要做的就是控制事态，稳定军心，使其不扩大、不升级、不蔓延，这是处理突发事件的关键所在。有难事首当其冲，遇困境沉着不蒙，这是欲成为卓越领导者所必须具备的良好素质。

所以，当有突发事件出现之时，我们首先就要控制住自己的情绪，保持一颗清醒的头脑，不要手下未乱你先乱，只有这样，我们才能对事态有一个清醒的认识，对全局有一个准确的把握。其次，我们要发挥自己的领导作用，令团队内部迅速形成统一的观点，令大多数团队成员都能对事态有一个清醒认识，稳住团队阵脚，以大局为重，避免事态的进一步扩大化。

在处理突发事件时，我们可以这样：

1. 抓住要害，立竿见影

处理团队危机的关键在于果断、迅速，第一时间控制住局势，这就要求我们在做决策时，一击即中突发事件的要害，以达到"立竿见影"的效果。

2. 打破常规，敢冒风险

由于突发事件带有不可预期性，复杂性，所以我们在处理时需要灵活应对，要敢于改变正常情况下的行为模式，要赋予自己一定的冒险精神，同时，我们还要最大限度地集中决策，这时不妨就搞一把一言堂，并迅速地将决策付之于行动。

3. 沉着冷静，稳中求进

我们在处理突发事件时，固然要有点冒险精神，但也不能一味求险，盲目冒险就是真危险了。所以，如果状况允许，我们亦应选择稳妥的、阶段性控制的决策方案，以更大的把握将问题解决好。

换而言之，我们在条件有限的情况下，可以采用反常规的决策方式，而在对决策后果进行风险预测和控制时，就要采取避免可能造成不必要麻烦的方案，同时要注意克服一蹴而就的心态。因为，我们固然可以将突发事件的表象在第一时间内控制住，但对其根本的处理，则需要在表象得到控制的基础上进一步去决策，这样才能既应变及时又稳妥不乱。

总而言之，在团队出现危急之时，我们无论如何都不能先乱阵脚，这样才不会给麻烦继续扩大的机会，而且，你指挥起下属来也才会更有效。

大家请记住，身先士卒，率先垂范，永远会唤起下属对我们的崇敬感。所以我们必须具备"三军可夺帅，匹夫不可夺志"的决心和毅力，从不断的努力与日渐丰富的经验中，锻炼自己，促使自己更进一步迈向成功的领导者之路。在这些努力的过程中，你的一举一动都逃脱不了员工的观察。如果他们内心能这样想："这个领导者是足以信赖的，他是深得尊敬的。"那么你的一切努力都不会白费。

要有将远见变成现实的能力

一个人的思想有多远，他就能走多远！管理也是一样，在一个团队中，只有当领导的能够看清机遇，指明方向，他的这群手下才能顺着方向走向远方。

完全可以这样说：不比手下看得远，你就不是一个成功的领导者，就不足以领导他人！在一个团队中，我们是"大哥"，做"大哥"就一定要有远见，要有思考未来的能力，如果说连我们都鼠目寸光，那还能领导出驰骋千里、嗷嗷叫的狼群来吗？

　　事实上，我们只要稍加留意就会发现，那些成功的领导者都是卓有远见的。微软公司之所以能够成为今天这个行业霸主，与其总裁比尔·盖茨具有远见的领导力是密不可分的。在微软的历史上，比尔·盖茨曾两次凭借先行一步的深渊谋略令对手胆战心惊。第一次是在 1975 年，他预言电脑将进入每一个平民家庭，微软由此开发出第一个远见计划的标志性产品——Windows95；第二次是在 1998 年，比尔·盖茨预见，在未来网络会变得越发重要，而 PC 不再只是孤立的存在，它将成为连贯网络的一系列设备中最重要的一种。当然，比尔·盖茨不只是说说，他是个实干家，他付诸了行动，最终证实了他独特远见的伟大成功。著名的成功学大师卡耐基也曾经深有体会地说道："做生意要有远大的眼光，要配合时代的需要。只有这样，你才能成为一名称职的和优秀的商人。"大量的事实已经向我们证明：远见就是机遇，远见就是财富。一个领导者能否引领团队走向更好的道路，关键就在于他是否能够把握未来发展趋势，看清前进方向，对未来变化的走势、进程和结果做出正确的超前判断，从而趋利避害，抢抓机遇，掌握竞争的主动权。

　　是的，"物竞天择，适者生存"。在优胜劣汰的市场经济中，有多少企业就那样被无情淘汰？有多少团队就只能被迫解散？为什么会这样？我们不能怪市场、怪经济不景气，事实上，导致他们失败的一个很重要原因就是——领导者缺少思考未来的长远意识，他只看到眼前的局限发展，没有考虑到团队的长远发展，没有用进步的眼光、全球的眼光和时代的眼光来分析和思考问题，从而错失了一个又一个良机。机遇这东西我们知道，一旦失去就会造成无形的损失，一而再、再而三的失去，就会形成无法挽回的败局。

所以，我们要具备那种卓绝的领导力，首先就要让自己成为思想者和战略家，我们需要充分利用团队资源，主导制定生动的规划蓝图，为你的手下提供清晰的发展方向。其次，我们还要成为这个领域的专家，对存在的机会与趋势、行业发展的脉搏、团队资源的现状做到心中有数，明确创造性和可能性。如此，如何实现远景规划的战略已经基本设定，接下来，我们就要具体到事实行为上。我们需要致力于培养整个团队的洞察力、判断力、预测力、决断力。如果你以及你的手下洞察到了问题，又能及时付之于行动，你们就能够占得先机，这就是有远见，它会为你的团队带来的超额收益，你们的远见最终输出的将不只是一副令人激动的图画。

不过，我们必须意识到，将远见变成现实不是一蹴而就的事情，它是一个过程，甚至可能很漫长。这与一次长途旅行颇为相似，在我们决定要外出以后，首先就要确定目的地，没有这个目的地，就不可能规划出最合适的旅行路线。当然，我们还要估算一下自己的资源，看看你所拥有的资本是否足以完成这次旅行，如果不能，那么量力而行。也就是说，实现自己的远见是要付出牺牲的，一般而言，离它越远，代价就越大，作为领导者，我们一定要把握好这个平衡。

当上了领导，就要担得起责任

伴随权力而来的则是成败的责任，不愿意承担责任，就不配做一位领导人。"不可推诿责任"应该铭记在每位领导人的心中。

当销售量并未随着推销攻势增加时，主持这一攻势的领导者说出这类言词：气候不佳，竞争者反击，销售人员未能尽责。没有一句话说到他自己的规划有问题，错全在别人。这种态度造成的结果是：别人下一次给他的支持就要减少。最后，这位领导者变得事事窒碍难行，支持先从下面开始减少，当上级看到下面的人都不支持他时，也开始不支持他了。相反，最初的构想是领导者提出来的，一切规划工作也都按照他的构想进行。他直接参与大部分的执行工作，然而当推行成功后，他召集大家，逐个指出每一个人的贡献。他从下面得到的支持因此更坚决，上级也更支持他。他们大家分享荣耀，这不但替他带来了声誉，也替他带来了优异的工作成绩。这才是真正有影响力的领导者。

然而有些领导者在事事都照计划进行时，笑口常开，而在发生波折时，却立刻板起面孔责怪别人；工作方案推行成功时，他独居其功；失败时，却推得一干二净。这与有影响力的领导者的作风迥然不同。

最佳的领导者有成熟的看法。他承认领导带有危险性，知道当工作任务失败时，他要负责；成功时，他也可以得到报偿。而且也知道部属可协助他完成任务，也可以制约他的工作进程。有效领导者一方面愿意承担责任，另一方面也愿意让大家分享荣耀。

这种态度绝没有利他主义的成分，而是无可规避的。如果领导者不采取这种态度，唯一受愚弄的将是他自己。欺瞒只会腐蚀对上和对下的关系，领导者也将失去下属的尊敬，在这种情况下，别人的支持又从何而来？

水门事件正是聪明的领导者想要推诿责任的典型例子。人人都认为别人的罪过大于自己，没有人愿意承担这项过失，结果呢？人人都遭殃。当大众的意见出现时，不管是对是错，总能凌驾一切。企业界的情况也是如此，错误越往下推，破坏力也越大。有效的领导者会及时阻止诿过迁怒的行为。

具备让下属自发高效的策略

美国人艾比克是一位工厂经理，他有一种很有趣的工作哲学："假如你无法在一天8小时内做好你的工作，那就说明你被分派到的工作太多，或是你的能力较差。"艾比克习惯在每天下班后的5分钟内在走廊上走动，并将任何还在工作的人赶走。

虽然如此，但在他当工厂经理的那三年里，事情进展得很顺利，工厂开工达到最高点。这应当说是非常成功的。

大约 4 年前，艾比克晋了级，聘请詹姆斯来接替他的职位。詹姆斯的工作方法是："假如你真正有效地做好你的工作的话，一天 8 小时的确是不够的。任何在下班时间一到就走的人，不会是很热衷于工作的人。在公司里想要升级必须是个热诚的工作者。"

于是不足为奇的事发生了：尽管工作量并没有改变，但是大家开始早到迟退。原来是上午 7 点 30 分上班，下午 4 点钟下班，后来变为上午 6 点 30 分与 7 点之间上班，一直到下午 5 ~ 6 点，有时甚至 7 点才下班。

你也许会推断，由于有较"热心工作"的员工、较长的工作时间，理应产生较高的生产力，但实际上产量却在下降。据资格老的人说，自詹姆斯接管后，厂内所发生的问题是历年来最多的。他们批评詹姆斯办事拖拉。

艾比克在下班后把大家赶出去的疯狂行为是有他的一套道理的。他强迫大家变成受目标引导的人，每个人都知道他只有 8 个小时的时间可用来把事情做好，于是培养出高效率的工作习惯。

但是詹姆斯却把工作气氛从目标导向改变成时间导向。一旦当工作时间长且看起来较忙的人获得奖励时，大家就施展出各种浪费时间的行为来打发长长的工作日，结果使生产力下降。

提高员工工作效率，除了要有明确的工作岗位和良好的激励政策之外，管理方法也很重要，下面就是五个非常实用的管理方法：

1. 选择适合的人进行工作决策。在对工作进行决策时，应该选择有相当技术能力或业务能力的员工进行决策。一些员工由于技术或经验的欠缺，在进行决策时，会对工作造成错误的指导。如果方向错了，做再多的工作也没有意义。

2. 工作成果共享。有时我们会发现，自己的工作可能是其他员工已经做过的。有时查找一些资料，辛辛苦苦查找到了，结果发现另一位员工以前已经查找过了，如果当初向他咨询，就不必费这么大的劲了。将员工的工作成果共享，是一个很重要的问题。特别是对于员工较多的公司，这一点尤其重要。领导者可以利用部门内部的会议让大家介绍各自的工作情况。另外，对一些工作成果资料要妥善地分类和保管，这些都能达到工作成果共享的目的。

3. 让员工了解工作的全部。让员工了解工作的全部有助于员工对工作的整体把握。员工可以更好地将自己的工作与同事的工作协调一致。如果在工作中出现意外情况，员工还可以根据全局情况，做一些机动处理，从而提高工作的效率。

4. 鼓励工作成果而不是工作过程。领导者在对员工进行鼓励时，应该鼓励其工作成果，而不是工作过程。有些员工工作很辛苦，领导者可以表扬他的这种精神，但并不能作为其他员工学习的榜样。否则，其他员工就可能会将原本简单的工作复杂化，甚至做一些表面文章，来显示自己的辛苦，获取表扬。从公司角度而言，公司更需要那些在工作中肯动脑子的员工。所以，公司应该鼓励员工用最简单的方法来达到自己的工作目标。总之，工作结果对公司才是真正有用的。

5. 给员工思考的时间。公司在做一件事情之前，如果决策层没有认真地进行思考，这件事情就不会干得出色。员工工作也是如此。如果领导者不给员工一些思考的时间，就很难让他们做好自己的工作。老板要鼓励员工在工作时多动脑子，勤于思考。用大脑工作的员工肯定要比用四肢工作的员工更有工作成绩。

能够将自己的决策执行下去

对一个组织来说，良好的执行力必须以相适应的结构、流程、企业文化和员工素质能力为基础。对一个特定的领导者而言，执行力主要体现为一种总揽全局、深谋远虑的业务洞察力；一种不拘一格的突破性思维方式；一种"设定目标，然后坚定不移地完成"的态度和行为；一种雷厉风行、快速行动的管理风格；一种勇挑重担、敢于承担风险的工作作风等。

大部分领导者都乐于布置任务、做决定，但真正有效的领导者却都擅长使布置下去的任务和做出的决定得以执行。要改善执行部门的执行力，就要把工作重点放在这个部门的领导者身上。可以这样说：一个好的执行部门能够弥补决策方案的不足，而一个再完善的决策方案，也会死在滞后的执行部门手中。从这个意义上说，执行力是企业管理成败的关键。

有不少企业的领导者都存在一种认识上的误区，他们无意识地将目标与策略、步骤、方法、措施等同了起来，认为自己制订了企业的发展目标，就等于做好了实施策略、步骤、方法和措施的保障。正是这种错误的认识造成了企业执行力的薄弱。目标只是企业的发展方向，是一种主观的愿望，而如何采取一些恰当的方式来达成这些目标，才是保障执行的策略、方法和措施。仅仅依靠目标是无法推动员工有效执行的，因为每个人对如何达成策略目标的理解是不同的。在采取执行的手段上也会因人而异，这种情况都使得目标在执行过程中存在非常大的不确定性，从而造成企业目标在执行过程中的巨大偏差。

所以，执行力的关键在于保证企业员工行为的一致性，而这种一致性并不是来自于目标，而是来自于正确的策略、方法和措施。这是作为企业领导者面临的另一个重要问题。很多企业的整体策略、方法和措施都在领导者一人的大脑中，平常都是通过领导者与员工之间的沟通来推动执行的。这就存在一种状况：经常沟通的员工容易理解领导者的意图，不常沟通的员工只能依靠自己的理解来行事，其后果自然会造成很大的偏差。问题在于，依靠口头沟通的方式无法将策略、方法和措施正确转化为一致的行动。企业必须要通过规范化的形式来完善执行体系，保证企业每一个员工都能够按照正确的策略、方法和措施来展开行动，不能按各自的理解来做事。

领导者需要有一种执行的本能，你必须相信，"除非我使这个计划真正变成现实，否则我现在做的一切根本没有意义"。因此，领导者必须参与到具体的运营过程中，参与到员工当中。只有这样，才能对企业现状、项目执行、员工状态和生存环境进行全面综合的了解，才能找到执行各阶段的具体情况与预期之间的差距，并进一步对各个方面进行正确而深入的引导。这才是企业领导者最最重要的工作，而且不论组织大小，这些关键工作都不能交付给其他任何人。

举例来说，企业应该以人为本，员工应该是一个企业最重要的核心资产。只有亲身实践的领导者才能真正了解自己的员工，而只有在真正了解自己员工的基础上，一名领导者才能做出正确的判断，正确的判断总是来自于实践和经验。

对于一个企业来说，要想建立一种执行文化，其领导者必须全身心地投入到组织的日常运营当中。只有最高领导者才能确定、影响企业文化的风格，因为只有最高领导者才能左右组织中对话的基调，而这种基调对企业文化会产生决定性影响。

执行力的关键在于透过企业文化影响员工的行为。如果员工每天能多花十分钟替企业想想如何改善工作流程，如何将工作做得更好，那么，领导者的策略自然能够彻底地执行。

领导者要致力于营造企业执行的文化。企业是由不同的部门和员工构成，不同的个体在思考、行动时难免会产生差异。如何尽可能使不同的分力最终成为推动企业前进的合力，只有依靠企业文化。执行也不例外，优秀的企业，其内部都有一种强烈的执行文化，他们注重承诺，责任心，强调结果导向，这一切都是执行文化的具体表现。

因此，领导者的执行力是多种素质的结合和表现，而绝不是某项单一素质的体现。"领导说啥，就是啥"的盲目服从；不计后果、不顾大局的冲动鲁莽；说一不二、大搞一言堂，对待下属的简单粗暴等，都不是我们需要的执行力。这样做只会使企业陷入非左即右，矫枉过正的泥潭。

一个卓越的领导者要表现出有效的执行力，至少要具备以下三方面素质：

1. 思维能力

思维能力包括演绎思维和归纳思维两方面。演绎思维是指在理解问题时将其分拆成更小的部分，通过一步一步地符合逻辑的演绎，排除不相关的资料，找出事物发生的前因后果；归纳思维就是运用已有的概念和理论做归纳性的分析和总结。

2. 团队精神

团队精神不仅仅是对员工的要求，更应该是对领导者的要求。团队合作对领导者的最终成功起着举足轻重的作用。对企业领导者而言，真正意义上的成功必然是团队的成功。因此，领导者的执行力绝不是个人的勇猛直前、孤军深入，而是带领下属共同前进。

3. 坚韧性

坚韧性是指领导者对挫折和压力的忍受力，以及领导者的自我控制能力和意志力等。作为领导者，应该能够在不利的情况下，克服外部和自身的困难完成任务与目标，在非常困难的环境下坚持工作，在巨大的压力下坚持自己的观点。最后，当自己处于巨大的压力下或产生可能会影响工作的消极情绪时，能够运用某些方式消除压力和消极情绪，避免自己的情绪影响他人。

处理事务务必做到井井有条

"办事条理化"被美国哈佛经典教材《管理之门》列为管理人必须做到的一项基本工作。难怪美国通用公司前总裁韦尔奇将"做事没有条理"列为许多公司缺乏效益的一大重要原因。

工作没有条理，同时又想把蛋糕做大的人，总会感到手下的人手不够。他们认为，只要人多，事情就可以办好了。其实，你所缺少的不是更多的人，而是使工作更有条理、更有效率的规划。由于你办事不得当、工作没有计划、缺乏条理，因而浪费了员工大量的精力，最后还是无所成就。

没有条理、做事没有秩序的人，无论做哪一项事业都没有功效可言。而有条理、有秩序的人即使才能平庸，他的事业也往往有相当的成就。

大自然中，未成熟的柿子都具有涩味。除去柿子涩味的方式有许多种，但是，无论你采用哪一种方式，都需要花一段时间来熬熟。

任何一件事，从计划到实现的阶段，总有一段所谓时机的存在，也就是需要一些时间让它自然成熟的意思。无论计划是如何的正确无误，也都要不慌不忙、沉着地等待更合适的机会到来。

假如过于急躁而不甘等待的话，经常会遭到破坏性的阻碍。因此，无论如何，我们都要有耐心，压抑那股焦急不安的情绪，才不愧是真正的智者。假若连最起码的等待都做不到的话，那么是不会成功的。

一位企业家曾谈起过他遇到的两种人。有个性急的人，不管你在什么时候遇见他，他都表现得风风火火的样子。如果要同他谈话，他只能拿出数秒钟的时间，时间长一点，他会伸手把表看了再看，暗示着他的时间很紧张。他公司的业务做得虽然很大，但是开销更大。究其原因，主要是他在工作安排上七颠八倒，毫无秩序。他做起事来，也常为杂乱的东西所阻碍。结果，他的事务是一团糟，他的办公桌简直就是一个垃圾堆。他经常很忙碌，从来没有时间来整理自己的东西，即便有时间，他也不知道怎样去整理、安放。

另外有一个人，与上述那个人恰恰相反。他从来不显出忙碌的样子，做事非常镇静，总是很平静祥和。别人不论有什么难事和他商谈，他总是彬彬有礼。在他的公司里，所有员工都寂静无声地埋头苦干，各样东西也放置得有条不紊，各种事务也安排得恰到好处。他每晚都要整理自己的办公桌，对于重要的信件立即回复，并且把信件整理得井井有条。所以，尽管他经营的规模大过前述商人，但别人从外表上却看不出他有一丝一毫的慌乱。他做起事来样样办理得清清楚楚，他那富有条理、讲求秩序的作风，影响到他的全公司。于是，他的每一个员工，做起事来也都极有秩序，一片井然有序之象。

领导者工作有秩序，处理事务有条有理，在办公室里绝不会浪费时间，也不会扰乱自己的神志，办事效率也极高。从这个角度来看，你的时间也一定很充足，你的事业也必然能依照预定的计划去进行。

作为领导者，为自己和员工们制定计划是日常工作中最常见的一项工作，尤其是对于那些对计划的作用持肯定态度的人。计划一定会使他们大大地提高工作效率，促使他们合理地利用时间。下面介绍一些基本、实用的制定计划的办法。

第一，做好预测。这需要一个周全的思路，各种可能的情况都要想到。这个工作期不妨长一些，即使是在日常的工作、生活中偶有灵感，也最好赶快记录下来。

①考虑经济形势的变迁。

②以考虑可能遭遇到的困难为着眼点。

③想到事态本身的因果关系。

④预测有机械性与分析性两种类型：

机械性的预测是凭感观的因果关系来预测。这种预测只是简单性的预测，由于角度的不同因而得出答案也不同。分析性的预测是从计划观点、心理观点、统计观点来分析。这应该说是一种综合性的方法，所以驾驭难度也较大，但准确率较高。

第二，设定目标。制订计划前先确定一个长远目标。

①目标即将来业务发展的指标。

②设立目标要根据预测——目标不是凭空捏造的。

③目标要简单明确。

④设定目标时要让本部门的员工参加。群策群力会使目标制定得更完善，同时也是对员工的一种激励。

第三，制定政策。

①政策是工作的指导准则，要有贯彻性、调和性。

②政策必须关系到部门。

③政策要使大家了解。

④政策是计划的基本依据。

第四，制定进程。这部分实际上就是将要贴在办公室墙上的核心内容。根据业务需要，编制一套有秩序的措施和运用人力、财力、物力的步骤，并能很有效地执行。但所制定的进程必须根据政策不断修正，并予以标准化。

第五，编制预算。

①必须有效运用可用资源。

②设定绩效标准和衡量尺度。

以上就是制定计划中必须注意的几项原则。另外不要忘记在制定计划的时候应广泛地征求下属的意见，多与他们进行沟通。因为这是在为整个部门制定计划，而不是为某个人。

当准备工作完成，进行实际工作时，只需做适度的更正，其余的应该让它有条不紊、顺其自然地发展下去。人的能力有限，无法超越某些限度，如果能对准备工作尽量做到慎重研究，至少可以使能力得到更大地发挥。

今天的世界是思想家、策划家的世界。唯有那些办事有秩序、有条理的人，才会成功。而那种头脑混乱，做事没有秩序、没有条理的人，成功永远会和他擦肩而过。

善于运用权力之外的影响力

领导者手中有权，用权力说话别人不听也得听，是最省力、最简便的管理方式。但问题也随之而来，如果下属口服心不服，权力的效力在这里会大打折扣。想证明自己不只是一味以权压人，我们在日常的管理中就要有意识地培养自己在权力之外的影响力，这种影响力的作用有时是十分巨大的。

有一些新上任的领导者，尤其是那些升迁快速的领导者，难免会自命不凡而盛气凌人。其实，他的升官很可能只是由于运气特别好，或者按顺序轮到他，然而，他本人却以为是自己才能及努力所赐，因而，难免产生一种狂妄自大的心理。此种人常以其头衔自豪，妄发言论或任意否决，平日好管闲事，走起路来神气十足，俨然不可一世。

《伊索寓言》中，有一则小故事：

一只山羊爬上一农家的高屋顶上，屋下有一只狼走过。山羊以为自己居高位，野狼莫奈它何，便如此骂它："你这傻瓜，笨狼。"狼于是停下来说："你这胆小鬼，骂我的并非是你；而是你现在所站的位置。"

这则故事，用来讽刺前面所述的主管，真是最恰当不过了。

的确，有不少的领导者并非靠"影响力"，而是靠权力来管理下属。最好的证据是：当他即将退休时，即可发现下属一反常态，不再听其指示了。当他尚有权力时，经常可以听到下属阿谀献媚的话，一旦即将离去，再也无人对他百般讨好了。

因为有了权力，纵然毫无影响力，仍会有些狐群狗党围绕在身旁。就像蜜蜂飞向花丛采蜜一般。这些下属也是为了获得一点点利益，才如此趋炎附势的，但是像这样的下属，即使身边再多，也是多余的。

有这样一种说法：管理权越大，地位越高的人，越是不会随意地发号施令。

情况可能就是这样的，因为大领导们知道自己命令的重要性，是不可滥施的，而那些职权并不是很大的小领导们，好像是为了过足领导的瘾，产生一种领导怪癖，到处乱发命令，指挥别人做这做那，走到哪，哪里就会听到他扯着嗓门下命令，要求别人遵照执行，在他所领导的小范围内出尽了风头。这样的领导者是兔子尾巴长不了，过不了多久就会垮台的。

打造"无为"而有为的管理境界

两千多年前，老子就曾教导领导者要无为而治。做到了无为，实际上也就是有为。不仅是有为，而且是有大为。

《庄子》中有一段阳子臣与老子的问答。有一次阳子臣问："假如有一个人，同时具有果断敏捷的行动与深入透彻的洞察力，并且勤于学道，这样就可以称为理想的官吏了吧？"

老子摇摇头，回答说："这样的人只不过像个小官吏罢了！只有有限的才能却反被才能所累，结果使自己身心俱乏。如同虎豹因身上美丽的斑纹才招致猎人的捕杀；猴子因身体灵活，猎狗因擅长猎物，所以才被人抓去，用绳子给拴起来。有了优点反而招致灾祸，这样的人能说是理想的官吏吗？"

阳子臣又问："那么，请问理想的官吏是怎样的呢？"

老子回答："一个理想的官员功德普及众人，但在众人眼里一切功德都与他无关；其教化惠及周围事物，但人们却丝毫感觉不到他的教化。当他治理天下时不会留下任何施政的痕迹，但对万物却具有潜移默化的影响力。"这就是老子"无为而治"的至理名言。

黄盖曾经做过石城县县令。石城县的下属官吏们特别难驾驭，黄盖到任后，安排了两个下属官员协助自己，这两人分头主管各类事务。黄盖下令说："我这个当县令的没什么德行，只是凭借着武功得到官职，对于文官的公务我不熟悉，现在外来的敌人还没有平定，军务比较繁忙，县里的一切公文案卷全部交给这两位官员帮助我处理。他们替我约束管理，纠正和处分有错误的人和事。如果他们当中有人做了欺骗不法的事，我终究不会把鞭抽杖打加在他们头上。"命令下达后，开始时下级官吏们都感到恐惧，各自恭谨地奉行自己的职务。

时间一久，各级官吏们认为黄盖不管公文案卷，渐渐懒怠放肆起来。黄盖暗中调查到了这一点，并查清了这两个帮他处理政务的下属各自所做的几件违法之事。于是就召集所有官员，就几件违法事来追究两个下属官员，那两个人叩头向黄盖道歉。黄盖说："我早已有过话了，终究不把鞭抽杖打加在你们头上，我不敢欺骗你们。"说完以后，竟然把两个人杀了。许多属官吓得两腿发抖，整个县从此变得政治清明起来。

领导者有权还要善于运用权力，只要善于征服人心，驾驭人性，那么他完全可以把更多的事情交给别人去做，而给自己留下的便仅是拍板定案、锁定大局的关键性事情，从而达到"无为而治"。

"无为而治"的更深一层意思是领导者应当为员工和下属创造一个舒适轻松的工作环境，日常的工作要交给其他人去办，将职权分离出去。如此一来，自己才会腾出精力构思经营更远大的计划，而不是连细枝末节、鸡毛蒜皮的小事都要过问、干涉，不但会打击下属士气，而且自己也会累得挺不住。事必躬亲的领导者，是不会长居久安的。

其实，"无为而治"的精髓只是人员本身的"无所作为"，但制度本身则并行不悖。制度严明，下属的注意力自然就转移到这些形式上的条文中，而不是为官者身上。为官之人隐藏于制度之后，以制度之"有为"行自身之"无为"，这才是真正聪明的领导者精妙的处世管理之道。

CHAPTER 03

欲人和，先求同

——建设共同思维，然后才有团队向心力

　　成功的、高绩效的团队不仅是领导者的事，而是团队里每个人的事。一个成功的团队，需要每个人都能积极参与团队的每一件事，只有这样，大家才会为了目标共同奋斗、共同承诺，才能营造一个和谐的团队。

建造让大家都接受的规范化制度

以制度规范为基本手段协调企业组织集体协作行为的管理方式，就是制度化管理。企业规范化的第一个标志就是制度化。制度，是所有管理模式的基础，没有制度，管理没有底蕴，任何管理形式都难以向前推进。进行制度化建设和管理，就是为企业管理的提升奠定一个基础，以这个基础为本，进一步推进企业管理向图表化、标准化、流程化和数字化建设迈进，促进企业向规范化方向发展。

当年，青岛电冰箱厂（海尔集团的前身）亏损 147 万元，张瑞敏一上任就颁布了一条规定：不准随地大小便！从此，开始了一系列的规章制度管理，进而成就了今天的海尔文化。2007 年，海尔实现全球营业额 1180 亿元，成为中国家电第一品牌；2008 年 3 月，海尔第二次入选英国《金融时报》，被评选为"中国十大世界级品牌"。

电子商务方面的领袖人物马云 35 岁创立阿里巴巴，49 岁辞任 CEO，他的团队及其本人可以说长时间惊艳着中国互联网。而马云在建立董事会制度、培养接班人和权利控制分配等方面的独特管理思维，无疑是非常值得当下的创业者和领导者们借鉴和学习的。

在阿里巴巴集团，有一个很不错的绩效制度。按制度要求，公司每个季度都要对员工进行业绩评分，而对其中的优秀者，会以加薪，股票期权，奖金和新工作机会等形式进行奖励，这种管理制度极大提高了员工的工作积极性，促使他们以公司目标为自己的目标，不遗余力地提升工作效率。

　　制度的建立，可以给团队成员一个统一的标准参考，使他们明确自己工作需要达到的标准，能够对自己的工作有一个明确的度量，进而使整个团队形成向上的力量，最终就是企业文化的体现。

　　制度健全而规范的企业更容易吸引优秀人才加盟。一方面，规范的制度本身就意味着需要有良好的信任作为支撑。在当今社会信任普遍处于低谷之时，具有良好信任支撑的企业在人才竞争中很容易获得优势；另一方面，规范的制度最大限度地体现了企业管理的公正性和公平性，人们普遍愿意在公平、公正的环境下参与竞争和工作；同时规范而诱人的激励制度是企业赢得人才争夺战的最为有力的武器。

　　健全的企业制度以及科学的制度管理，能够将这些优秀人才的智慧科学地转化成公司具体经营管理的行为，形成一个统一的、系统的制度体系，使企业持续、稳健的发展；能够更有效发挥企业的整体优势，使企业内外能够更好地配合，可以避免公司中由于员工能力和特性的差异，使企业经营管理出现差异和波动；

　　制度化管理使企业管理工作包括市场调研、供应商及客户的管理和沟通等工作都得以规范化和程序化，在企业内部形成快速反应机制，使企业能及时掌握市场变化情况并及时调整对策，也使整个供应链的市场应变能力得到增强，从而提高供应链和企业本身的竞争力。

　　但是，以制度化控制为特征的流程式管理也有它的局限和弊端，其主要表现在以下几个方面：

1. 制度僵硬，扼杀员工创造性

现代美国著名企业家艾柯卡有一句被事实验证过无数次的箴言：不创新，就死亡。近年来比较典型的事例无疑就是诺基亚的故事。对于现代企业而言，创造性就是生命力，是企业赖以生存和发展的源泉。如果领导者思维过于僵化，企业过于强调工作的程序化和标准化，在一定程度上就会抑制员工的个性，尤其是知识型员工，他们较为崇尚个性发挥。呆板的、僵化的、过于强调工作程序化和标准化的制度会打击他们创造性地开展工作的积极性和热情。久而久之，企业的整体运行就会陷入因循守旧、不思进取的恶性怪圈。

2. 信息透明化，会增加企业的经营风险

由于制度化管理的本质就是文件化、程序化（电脑化）、信息透明化，使企业的决策，客户档案等内部资料及商业机密等不再成为秘密，就有可能被泄露或被恶意利用，使企业蒙受损失。

3. 制度化管理初期，会增加企业负担

企业制度的制定必须经历拟定、讨论、审定等许多环节，必须投入大量的人力和时间资源，这是负担之一；同时，为了使制度便于推行与实施，企业必须让员工参与讨论并必须对全体员工进行宣贯和培训，这是负担之二；其三，制度化管理的初期，在制度的理解与执行之间及制度与传统之间总是存在着不同程度的冲突，加上制度本身不够完善造成操作性较差等都对企业有效推行制度化管理形成障碍。

事实上，任何事物都有他的两面性，制度化管理也是一样，它有利也有弊，这其中的关键在于把握。经营与管理是企业发展的两个重要因素，两者的关系把握好了，去弊存利，企业就能不断提升自己的竞争力，不断发展和完善，在日益激烈的市场竞争中获得长足的发展。

强力维持制度本身的权威性

纪律是一切制度的基石，团队要长久存在，其重要的维系力就是执行团队纪律。毫无疑问，每个团队都有自己的规章制度，如何维护制度的权威性是每个领导者都必须要面对的问题。这首先要求我们这些做领导的，必须要带头遵守，尊重制度的权威性。其次，要让全体成员明确制度内容，让他们看到"没有规矩"的后果，该奖则奖、该罚则罚，以保证政令畅通，落实到位。

也就是说，在管理中，我们不能只求做个老好人，要严、严厉、"不讲情面"，管理团队就要这样。因为从某种程度上讲，任何团队想要高效运行，就应该执行严格的管理政策，领导者就要以"铁手腕"严格执行既定的规章制度。

咱们中国有句老话"国有国法，家有家规"，我们制定出来的各种规章制度，不能只是纸上谈兵，如果是这样，那要它有何用？所以手软是绝对不行的，它达不到你想要的效果。在这方面，英特尔的管理层为我们提供了很好的参照。

英特尔从创立开始就非常强调"制度"，处处都有清楚的规定，每天早上的上班制度，就是最明显的例证。在英特尔，每天上班时间从早上8点整开始，8：05分以后才报到的就要签名在"英雄榜"上，背负迟到的"罪名"，即使你前天晚上加班到半夜，当天上班时间仍是上午8点。这和20世纪70年代嬉皮盛行、个人享乐主义凌驾于一切的美国有些背道而驰，可是却延续至今，始终如一。

英特尔整个公司的管理制度都很严明，从制造、工程到财务，甚至行销部门，每件事情都有清楚的规范，人人都以这些规范来作为自己工作的准则。许多公司重视人性化管理，以重视员工为口号，只有英特尔强调制度胜于一切。这种注重企业自主管理的经验和方法，使英特尔的企业文化独树一帜。

大家看，这就是执行力的作用。只不过时至今日，仍有很多领导者认为，"制度就是那么一回事，没有必要去较真"。但事实是：你不较真，他们就不认真！这几乎是世界上所有动物的一种惰性——他们没有了威胁，就会散漫起来。基于此，西方管理学家曾提出一个"热炉法则"，它的实际指导意义在于，当有人在工作中违反了规章制度，就像去碰触一个烧红的火炉，一定要让他受到"烫"的处罚。

这与奖赏之类的正面强化手段相反，属于反面强化手段，但其目的殊途同归，都是为了使下属更好地发挥自身的潜能。对于我们这些领导者而言，参考一下"热炉法则"有四大惩处原则是很有必要的：

1. 预警性原则

热炉通红，就摆在那里，只要不是傻子，不用手去摸就知道炉子是热的，会烫伤人。这通红的"火炉"就好比纪律法规，是一柄时刻悬在团队每一名成员心头上、闪着寒光的"达摩克利斯剑"。纵然是我们这些领导者，虽权力在握，但也不可忘乎所以，必须对法则慎独慎微，让下属看看，让他们知道你也在时时想想那通红灼人的"火炉"，这样从上到下，谁都不敢为所欲为了。

2. 必然性原则

当有人触摸热炉时，无论是谁、采取什么的方式触摸，都肯定会被烫伤。换而言之，团队中的任何人，只要触犯了制度中的明文规定，就一定要受到处罚，这一点我们绝不能手软。事实上有时候，"树上有一只鸟被打死，其他九只鸟却吓不跑"。这些"菜鸟"就是抱着一种侥幸心理，以为自己摸了"热炉"，不一定会被灼伤。要抑制这种现象，我们必须彰显出制度法规约束力的绝对权威，使那些贪婪之人，掂量掂量炙热"火炉"的温度，他们也就不敢伸手了。

3. 即刻性原则

当有人碰到热炉时，立即会被灼伤。在管理中，惩处必须在错误行为发生后及时进行。"刑罚不时，则民伤；教令不节，则俗弊"。要想铲除腐败之癌，"除恶务快"是很重要的一环。

4. 公平性原则

"热炉"没有任何"弹性"，无论什么人，无论何时何地，只要触摸了"热炉"，都会被烫伤。"伸手必被捉"。只要做到"不辨亲疏，不异贵贱，一致于法"，除恶务尽，有邪念者就不敢再去触碰"热炉"了。

"巨壑虽深，兽知所避；烈火虽猛，人无蹈死。"看来，我们这些做管理的人，必须充分发挥"热炉法则"的巨大威力，使"作奸犯科"

真正受到惩处和震慑，这样教育才有说服力，制度和监督才有约束力。那么在制定规章制度时，还有哪些问题不能忽视呢?

不过同时我们也要搞清楚，"不手软"并不等于滥施权力、粗暴蛮横地对待下属，一味显示自己的威信。我们对待下属，无论怎样严厉，都要讲一个公道，在处罚时要有条、有理、有根据，甚至要向他们解释清楚团队为何要制定这条规章，为何要采取这样一个纪律处分，以及我们希望这个处分能够产生什么样的效果。我们要知道的是，执行任何的规章制度，目的都是为了维护良好的秩序，而不是处罚本身。因此，你应该向你的下属表示你对他的信任和期望。在对违反规定的员工处罚完以后，要肯定他的价值，以向上的激情去鼓励他，以消除他对处罚的怨恨和郁闷之情。

此外还有一点需要提醒大家注意，很多朋友也许认为"这些规定谁都知道，没有必要整天把制度挂在嘴边"。事实上我们不能这样想，要知道，那些新来的团队成员，甚至有时有些老家伙，直到自己违反了某项规定，才恍然大悟，才知道原来还有这样的一条规定。因此，加大对制度的宣传、学习，也是十分必要的。

当然了，作为管理人员，我们自己更应该明白以身作则的重要性。如果你没有这样做，那你就是在向其他人表示，制度只不过是一种摆设。这不是搬起石头砸自己的脚吗?

以团队文化引导共同价值取向

在很多具有传统观念的领导者看来，团队文化是十分虚化的东西，因为它不能直接产生效率和效益，而是通过对团队成员施加价值观和思维方式的影响，间接地提高生产力。不过要知道在现代管理中，团队文化绝对不是个可有可无的东西。

在新时代中，决定团队兴衰成败的，不是资本的竞争力，而是文化的竞争力。优秀的团队文化是指导和约束团队行为的价值理念，是团队管理的灵魂，是团队发展到一定时期，在团队管理水平不断提高基础上的必然产物，是团队向更高层次发展的内在要求，是推动团队发展的内驱动力。它不是游离于管理体制之外的，其本身就是管理体制的重要组成部分，更是领导者管理理念的直接反映。

青岛双星集团是我国制鞋业的旗舰企业，也是当今世界上生产规模最大的制鞋业企业。在青岛双星集团总部、十大生产基地和遍布全国的 2000 多家双星连锁店的大门前，你都会看到两座雕塑。这两座雕塑，不是两座汉白玉的狮子，而是两尊黑白大猫：一尊是正在抓老鼠的黑猫，一尊是特别漂亮但却不抓老鼠的白猫，人们把这两只猫叫作"双星猫"。在两尊黑白猫雕塑的底座上面，镌刻着这样一副对联，上联是："不管黑猫白猫，抓住老鼠就是好猫。"下联是："不管说三道四，双星发展是硬道理"。

对双星人来说，这两副对联就是他们的经营理念和座右铭。它表明的具体内涵是，"市场是企业的最高领导"，企业"生产跟着市场走，围着市场转，随着市场变，将市场作为检查一切工作的标准"；"有人就穿鞋，关键在工作"；"等待别人给饭吃，不如自己找饭吃"；"岗位是市场，竞争在机台"；"不干活的要下岗"、"功劳平平的要换位"等。在这样一系列理念指导下，双星集团20多年来敢为人先。1983年底，他们在青岛市第一个摆脱商业部门的束缚，背着鞋箱到市场找饭吃。在双星集团，那些不干的、看的、光知道喊口号的和调皮捣蛋的是绝对没有市场的。按照总裁汪海的话说："双星猫"往门口一站，就把双星人的经营理念给"站"出来了，使双星人陡增压力，自己该怎么做和不该怎么做一下子就清楚了。这其实就是文化经营。另外，连锁店门前放一对猫，而不是放两只雄狮，容易引发人们的好奇心，使人们都前来观看，从而创造市场，拉动市场的经营。

团队一旦有了自己的文化，团队全体成员的价值观也就达成了一致，进而改变落后的、消极的思维方式和工作模式。于是，虚转化成了实，转化成了无往不胜的战斗力。

不可否认，如今，很多领导者都认识到了团队文化对于团队发展的重要意义，但仍有很多人对于团队文化的认识存在误区。他们认为，团队的文化就是自己的文化，自己设定一个什么样的文化、什么样的制度，团队成员就应该照葫芦画瓢。不管这个瓢是圆是扁，作为下属只管照样子画就好了。如果有什么疑义，那就是对自己的不忠、对团队的不忠，就该受到惩罚，甚至应该走人下课。

这种专制主义带来的后果是什么呢？毫无疑问，保住饭碗、保住薪水是团队中每一个成员的基本想法，因此，对于这种强制性的团队文化，他们都是敢怒不敢言，长此以往，团队就形成了以领导文化为核心的奴化式的团队文化。在这样的团队里，把大家"凝聚"在一起的共同基础不是真正的精神内核，不是共同的愿景目标和价值观，而仅仅是薪水而已。

很难想象，这样的团队文化能给企业带来多少凝聚力和创造力。没有了凝聚力的团队还能坚持多久？还能走多远？

优秀的团队文化是这样的，它应该得到全体成员的认同，而每一名团队成员都应该是团队文化的创造者、完善者和体现者，而不是被动的承受者。如果说，团队文化仅仅停留在口头或者纸面上，仅仅依靠严格的规章制度来强制下属遵守，那是不能称其为团队文化的。

作为领导者，我们必须认识到，文化与制度的区别就在于，制度往往是下属的对立之物，而文化则超越了制度的对立，成为下属的自觉之物。制度是一种强制力，而文化是一种更为强大的自然整合力。

文化的根本标志在于它的自动整合功能，它强大得无须再强调或者强制，它不知不觉地影响着每个人的思想和精神，从而最终成为一种自觉的群体意识。只有达到这种程度，一个团队的价值理念体系才可能被称之为企业文化。

那么，我们要如何才能做到这一点呢？我们来看看下面这件趣事，或许能给大家提个醒。

据说有一教官向一班学员讲授领导与管理的不同，他给学员出了一道题目："现在由你来领导本班，让大家全部自动走出室外，切记！

要大家心甘情愿！"

第一位学员不知道怎么办才好，回到座位。

第二位学员对全班的学员说："教官要我命令你们都出去，听到没有？！"全班没有一个人走出室外。

第三位是这么做的："大家都听好了，现在教室要打扫，请各位离开！"但仍然还有一部分人留在教室内，值日生在待命扫地。

第四位看了纸片上的题目一眼后，微笑着对大家说："好了，各位，午餐时间到了，现在下课！"不出数秒，全教室的人都走光了。

这是每一名领导者都应具备的智慧——让别人为自己做事，而且是心甘情愿，该怎么说、如何说，都是一门艺术。用权威来压人或者讲大道理来说服，都不会收到好的效果。只有将自己的目的和对方的意愿或者切身利益结合起来，才能得到双赢的结果。

换而言之，对于一个团队而言，要想让所有人都能全心全意地热爱、信仰、遵从团队文化，最好的办法不是强制其全盘、被动地接受，而是让他们参与进来。只有他们自己参与了，有关他们的切身利益、自身目标和企业的利益、远景目标达成一致了，他们才会心服口服，认同团队文化。

大家不要把这想得有多麻烦，其实，建立有凝聚力的团队文化并不难，其真经就 10 个字：平等、尊重、信任、合作、分享。

具体实施起来，首先，我们要努力在组织和员工之间建立起一种长期的相互信任和相互依赖的关系。以长期雇佣为出发点，以外部劳动力市场为依托，强调对成员个人能力的培养与开发，重视客观公正的绩效考核，注意保持报酬水平和报酬差别的公平合理性，强化组织与成员之间的互利合作意识以及一般成员的参与意识，才能得到他们的信任并最终留住人才。

其次，在各项具体的人力资源管理政策与实践上，注意积极推动团队的文化建设。主要包括：

1. 组织在制定每一项人力资源管理政策和制度的时候，都必须树立"人高于一切"的价值观，并坚持将这一观念贯穿团队的所有人力资源管理活动之中。团队及其管理人员必须承认，人才是企业最为重要的资产，他们不仅值得信任、需要被尊重和公平对待、能够参与决策，而且每个人都有自我成长和发挥全部潜力的内在动力；

2. 努力贯彻以价值观为基础的雇佣政策。团队在招募和挑选新成员时，就应当注意执行以价值观（即符合团队文化要求的价值观）为标准的雇佣政策。利用精心组织的面谈等手段判断和确定求职者的价值观（如追求卓越、合作精神等）与团队的主导价值观是否一致；

3. 为人才提供就业保障和相对公平合理的报酬。首先，团队尽量避免因外部原因随意解雇成员，从而为他们提供一种长期的工作机会。其次，团队为成员提供包括高于市场一般水平的工资奖金和额外福利在内的一整套报酬，并且使他们有机会分享团队的利润。这两个方面的内容都是要促使他们将自己看成是团队共同体中的一员；

4. 通过工作组织形式的调整和参与管理，在团队成员中创造一种团结合作和共同奋斗的价值观。这包括：建立组织与成员进行双向沟通的正式渠道和成员参与管理的办法，确保每名团队成员受到公平对待，并切实保障他们享有参与管理的机会；

5. 制定各种人力资源开发计划，努力满足团队成员的各种自我实现需要。不仅保证他们有机会在工作中充分发挥自己的技艺和能力，而且为他们提供长期发展的机会，注意从长期职业生涯的角度来帮助他们设计、实践个人的职业目标。为此，我们这些领导者应致力于广泛运用工作轮换、在职以及脱产培训、内部晋升、组织团队、绩效评价以及职业生涯设计等各种手段来帮助他们进行自我提高和自我发展。

灌输信念引发团队精神共鸣

作为团队领导者，如果我们不知道怎样去鼓舞并带领自己的员工冲击巅峰，那么你们就会陷入绝境。我们一再强调信念和精神的力量是巨大的，这一点毋庸置疑。就拿一个球队来说，技术最好、个人收入最高的球队不一定能取得胜利。竞技场上的最后赢家往往是那些有着强烈的求胜欲望和坚定的取胜信念的球队。所以对于我们这些领导者而言，信念管理是一个当务之急。

信念管理是基于彼此信任的基础上建立的一种领导模式。何谓信念？信就是相信，念就是观念，你一定要相信自己的观念。但现在的人已不容易去相信一件事或一个人了，更不要说相信一个观念一辈子的事。什么是相信？相信应是内在、没有根据的，就因为想要达成，才会有一个动能出来，而观念就是激励你朝目标、理想迈进的原动力。

一位西方哲人曾经说过："每天我们看到的事都是我们相信的事，

我们听到的事也都是我们相信的事；我们看不到我们不相信的事，我们也听不到我们不相信的事。"虽然这几句话有点绕口，但却很有意思。当我们看到一件我们不相信的事，我们不会相信那是真的；同理，当我们听到一件我们不愿意相信的事，等于我们没听到。真正地相信、信念来自于我们要去相信那样的观念。同样，理解信念管理也是这个道理。

"阿里，干掉他！"——这句话曾一度在微软公司风靡一时，甚至成为一种口号。为什么会这样？其中有一个很经典的故事。

2000年微软年度报告会上，史蒂夫·巴尔默用讲故事的方式使聚集在一起的3000多士气低落的员工齐声高喊："阿里，干掉他！"当年，正是在这种排山倒海般的呼喊中，拳王穆罕默德·阿里赢得了他最著名的一次胜利，从乔治·福尔曼手中夺回了世界重量级拳击冠军。

当时，微软处境非常危险。司法部正在因公司涉嫌垄断而对其进行调查，很多员工都担心微软会解体。焦虑和担心笼罩了整个公司。甚至有传言说，曾有微软的员工遭受过一些一心想要"通过自身的行动弘扬正义"的人们的言语和身体攻击。在此之前，微软人为自己衣服上和电脑箱上的微软标志感到骄傲和自豪，而现在，不管是在公司里还是在公司外，这些显示对公司忠诚的外在装饰很少能见到了。让情况更为严峻的是，微软的竞争者们也威胁要削弱微软的市场统治地位。这些来自四面八方的威胁使公司的士气和竞争精神深受打击。

在那次报告会上，巴尔默首先播放了拳王阿里的那场里程碑式的比赛片段，在那场拳击赛中，阿里战胜了自己最强劲的对手。然后巴尔默用讲故事的方式向人们传达了自己对微软的信念，告诉众人他认为微软所能够展现出来的品质是勇气、灵感、责任、冲劲。没人能抵挡他故事的影响力。他热情而雄辩地指出，现在的问题不是我们有没有可能获胜或者是不是有能力获胜，而是我们有没有坚定的决心去夺取胜利！这让当时坐在那个阴冷的礼堂中的每个人都深受鼓舞，并触动了他们的心灵。这样一种魔鬼般的决心与信念使每个人在离开礼堂的时候都充满了一种不可战胜的斗志。从那时起，"阿里，干掉他！"就成了微软员工间秘密的打招呼用语。很明显，在这次会议之后，你很难再找到一个不会尽心尽力、全力以赴工作的微软员工。

最终的结果显而易见，微软有惊无险地渡过了这一难关。当然，我们不能说是巴尔默对微软的信念起了作用。但是，我们回过头来想想，如果没有领导者们的那种撼动人心、坚不可摧的信念，微软即使能够渡过危机，可它又能发展到今天的这个样子吗？显然不可能。

信念之于团队，就像军队的军旗，只要军旗屹立不倒，战士就会奋勇向前，旗手将军旗插到那里，战士们就能打到那里。换而言之，一个团队领导及其下属成员心中共同的目标有多高、信心有多足、恒心有多强，就决定了该团队的发展速度有多快、事业能走多远。信念虽然不等于成功，但信念确实可以为团队的成功逢山开路、遇水架桥。

我们看到，不少团队也很勤奋，团队成员也很优秀，但成绩却总是不愠不火，有些甚至不得不分道扬镳。为什么？就因为他们缺少信念，缺少对突破困境的强烈渴望，缺少对成功的强烈渴望。倘若他们能够心怀信念，又会是什么样子？结果一定要好得多。大家可以想想，朝鲜为什么能进巴西一个球？为什么原本想要看笑话的人反而会为朝鲜队呐喊助威？因为这个团队让我们看到一种信念，一种精神……以前《士兵突击》中的许三多为什么那样火？同样是因为他让我们看到了一种信念，信念这东西，或许恰恰是现代社会极为稀缺的。

所以，我们更应该带领我们的团队，将目标和理想看成是终生的追求，这样团队就不会失去动力，也不会随着时间的推移动力却慢慢地减小了。

借团队目标使所有人走上同一轨道

不论是个人还是团队，在做任何一件事情之前，首先就要了解自己的最终目的，并在目标的引导下开始自己正确的行动。如果说团队没有一个清晰的目标，那么大家不可能心往一块想、劲往一块使，那么这个团队就不会有很强的竞争力与战斗力，那么最终散伙的可能性就会很大。没有目标的团队只能走一步看一步，处于投机和侥幸的不确定状态之中。显然，这是每一个领导者一生也难以抹去的耻辱。所以说，为团队设立一个清晰明确的目标，这是我们、是每一个希望把团队做强做大的朋友，当前的首要任务。

目标之于团队到底有没有这么重要？你可能还带有这样的疑问，那么，我们不妨一起去看看沃尔玛的发展历程，相信你就会有所改观。

山姆·沃尔顿创立第一家廉价商店以后，他的第一个目标是——5年内成为阿肯色州最好、获利能力最强的杂货店。要实现这个目标，他的店销售额必须增长 3 倍以上，从年销售额 7.2 万美元，增长到 25 万美元。结果在所有员工的努力下，这家店达到了目标，成为阿肯色州和附近 5 个州获利能力最强的商店。

沃尔顿继续为他的公司制定清晰的目标，10 几年以后，他定出的目标是——在 4 年内成为年销售额 1 亿美元的公司。

很显然，这个目标又实现了。不过，他的目标仍在继续，而且也在不断实现着。于是，我们看到了今天这个享誉全球的零售业巨头。

其实不只是沃尔顿，那些优秀领导者都会为自己的团队制定清晰而准确的目标。又比如说通用电气前总裁杰克·韦尔奇，他刚刚当上公司 GEO 时制定的目标是——在我们服务的每一个市场中，要成为数一数二的公司，并且改革公司，使其拥有小企业一般的速度和活力。我们知道，这也实现了。

大量的管理案例已经向我们证明，清晰、具体的目标之于团队而言，就是海航路上的灯塔，这个灯塔如果一直明亮地立在那里，那么我们的团队之舟就能满载而归；相反，如果这个灯塔忽明忽暗，或者说干脆灭掉，那我们不仅无法靠岸，甚至还有触礁的危险。

换而言之，我们的团队需要一个明确的目标，只有当目标确定以后，你及你的团队才知道向哪个方向行进。目标不明确，这会令你的团队成员无所适从，你想让他们心甘情愿地做事，就要让他们明白自己在做什么、为什么而做、这样做的结果又是什么。通常情况下，团队成员往往会因为完成了某个明确的任务，自然而然地生出一种自豪感，他们为了进一步满足这种自豪感，会更加卖力的而工作，大家想象一下，那将是一种什么样的场面？

　　不过，我们也不要高兴得太早，这里还有一个问题——共同的目标建立以后，大家能不能形成统一的步调。什么是统一的步调？具体到行动之中，就是行动的方案选择。一般而言，要达成一个目标，会有很多种方案可供选择，因为每个人看问题都有独特的视角，所以即便是在相同的目标之下，大家所选择的行动方案也会有所不同。

　　很多团队在组建之初，都是情比金坚、无比团结的，但随着团队的做强做大，就出现了分歧，严重者甚至分道扬镳，这很大程度上就是因为大家的步调无法达成一致。其实对于大多数团队而言，目标一旦确定以后，是不会轻易改变的，但是随着行动的深入，大家在选择到达目标的路径时就极有可能出现分歧，于是你走你的路，我走我的路，虽然目标统一——都想把团队做大，但在这种情况下又谈何容易？

　　想必大家都知道一度传得沸沸扬扬的"柳倪之争"。他们的争端就是这样，一开始显然没有目标上的分歧，二人的目标是一致的，就是想把联想做强做大。令他们产生分歧直至不欢而散的，正是路径选择上的不同。柳传志想要带领联想走"贸工技"的道路，而倪光南则想带领联想走"技工贸"的道路，二人互不相让，才最终导致了两个人之间的权力斗争。

　　很明显，这只是一种战略上的分歧，路线上的争斗。其实仔细分析那些曾经闪亮一时、后来散了伙的团队我们就会发现，他们很少是因为权力斗争而分手的，大多数都是源自于战略选择的差异。而这种差异，确实能够毁掉一个团队的辉煌。所以，作为一个团队的领导者，我们若是真心想把它带的更加优秀，仅仅统一团队的目标还不够，还要统一团队成员的认识，统一他们的行动，如果说你做不到这一点，那么只能说你还不够称职。

不过，这也并不是说要你动不动就开除异己者，那是什么管理？那是暴政！更何况，如果你是最高领导者，你或许还有这样的权力，但如果说朋友，你只是个部门领导呢？如果说你上面还有一些管事的人呢？如果说你要裁掉的人和他们有裙带关系呢？后果想必你是知道的。

再者说，每个团队在组建的时候，肯定都在成员数量方面做过规划，基本上都是一个萝卜一个坑，这样做既可避免人浮于事，又不会因人力匮乏而影响工作进度。如果说你大手一挥，凡是持反对意见者统统拿下，那么势必会给团队的正常运转带来很大影响，相信这也是我们所不愿看到的。

既然不能用撒手锏，又不可避免地存在统一目标下的行动分歧，那我们该怎么办？很简单，我们可以用沟通化解这个问题，这是每一个合格领导必须掌握的功课。你如果不去沟通会怎样？很可能有团队成员因为持反对意见而产生抵触心理，甚至故意不将自己的分内事做好，让你的方案出岔子，以此证明他的正确性。这个时候，你就得把各种方案摆出来，让你的组员共同来讨论每一个方案的利弊，最后选定一个大家都认可的方案。你要晓之以理、动之以情，用事实说话，才能让持反对意见者从内心里接受你的看法。

我们必须认识到，在一个团队里，有没有足够清晰的目标，目标确立以后路径能否统一，会直接影响这个团队的成败，因此，你必须花心思去关注这一点，并竭力使每一个人都走在同一条轨道上。

用共同愿景激发团队使命感

猎人在湖边布下罗网，许多鸟儿落网了，然而这些鸟儿很大，带着网飞走了。猎人跟在鸟儿后面跑，农夫看到说："你要跑到哪里去啊，你能用一双腿追上鸟儿吗？"猎人回答说："如果只有一只鸟儿，我是没有办法把它捉住的，但像现在这样，我就十拿九稳的。"后来证明果然如此，那些鸟儿各自要朝自己的方向飞回去，一只要去森林，一只要去沼泽，一只要去田野……到头来就一起连网掉到了地上了，猎人便把它们捉住了。

我们的团队有时是不是正如这些鸟儿一样，因为每个人都有着自己的私心，有着不同的目标，因而分崩离析，直至坠落在地？俗话说"伟大的愿景是先于伟大事业的成就"，一个成功的团队应给是用一颗心脏跳动的。一个团队若想走得长久，就必须清楚自己的目的地在哪，必须知道自己为什么要去那里。当团队中每一名成员都确信，自己的努力是为了达成一项伟大的事业，他们就会全力以赴，他们就能够在自己的工作中获得极大的满足感和成就感。

不知大家有没有听说过"汤普林定理"？这是 J·汤普林在指挥英国皇军女子空军时说过的一段话——"通过统一一种力量，使这种力量产生叠加升级，从而统一各个分散的力量，就犹如磁石一样给别人一种凝聚的目标。要确定整体目标，须明共同利益；组织目标愈能反映个人需求，个人需求愈能促进组织目标。"

这个定理应用于现代团队文化建设很是适用，它与彼德·圣吉在《第五项修炼》一书中提出的共同愿景含义相同，都是在建议领导者为团队所有成员建立一种共同愿望的景象，让大家共同持有同一种梦想。这种局面一旦形成，就会发出一股强劲的感召力，创造出众人一体的感觉，同时遍布组织的全面活动，而使各种不同的活动融合到一起。这样的景象无疑是任何组织单位追求和期望的，这种高工作氛围可展现每个成员的个人才华，形成强大的合力。

"共同愿景"就是团队中每个成员所共同持有的"我们想要创造什么"的图像，当这种图像成为全体成员一种执著的追求和信念时，它就成了企业凝聚力、驱动力和创造力的源泉。

共同愿景能够唤起团队的使命感，团队由此看到了自身在社会中的定位，看到了自身的历史责任，成员也感到他们隶属于一个优秀的团队。共同愿景能使成员极具敬业精神，自觉投入，乐于奉献。因为他们看到工作本身对于他们的意义非同以往，它不仅是谋生手段，更是一种社会责任；他们在工作中充满激情和乐趣，也从中体会到了生存的意义。共同愿景能改变团队和成员的关系，所有的人会称团队为"我们的团队"，视彼此为实现共同愿景的伙伴，是生命的共同体。我们一旦把共同愿景建立起来，它就会像灯塔一样，始终为团队指明前进的方向，成为团队的灵魂。

"2010 年进入世界 500 强"——这是联想人的共同愿景，它激发出了无限的创造力和驱动力，所以，在经济的潮起潮落之中，联想才能始终立于不败之地。

联想总裁柳传志在说到人力资源管理的时候强调一个重要工作，就是建立一支稳定的、高素质的、对企业目标、企业文化有强烈认同感和归属感的员工队伍。企业文化认同对于维护整体、保持战斗力具有重要作用。因此，公司采取几种行之有效的措施来保证员工对企业文化的认同，在员工中形成共同愿景，增强企业的凝聚力。首先，新员工进入联想之后都要接受"模式培训"，深入了解联想的历史、现状，接受企业文化的熏陶。其次，联想人善于通过开会来统一思想，贯彻企业文化和经营理念、决策准则。通过这些朴素而行之有效的措施，联想已形成稳定的企业文化和一支稳固的核心员工队伍。

自创业之初，联想就抱定了"要把联想办成一个长久的、有规模的高技术企业"的信念，并逐渐为自己定下了更清晰的目标——到2010年力争进入世界500强。现在，这个目标已深深根植于每个联想员工的内心深处，它就像一盏明亮的灯，指引着全体联想员工奋勇前进。

同时，柳传志总裁也有着独特的魅力，能够把大家凝聚起来，指引大家向着目标前进。柳传志自己也曾说过：对于联想管理核心而言，最重要的工作就是深刻理解市场运作的规律，认识企业管理的基本规律，并带动各层次的领导者共同认识。建立共同愿景是联想企业文化建设的一个重要环节。

同样的，建立共同愿景也应该成为我们团队建设中的一个重要环节，这一点毋庸置疑。不过需要提醒大家，我们在进行这项工作时，不要误以为它就是个人愿景或是部门愿景的单纯相加。从个人愿景上升到共同愿景这是一个需要循序渐进的过程，如果团队的发展仍旧停留在个人愿景的层面上，那么其简单相加反而会阻碍发展，不能形成一种统一的文化。

我们看到在很多团队，其文化和信仰并没有从上而下地渗透，而是在不同的部门形成了不同的"文化"。每一个上司和主管完全按照自己的风格来确定部门的风格，并且都认为那是最优秀的。事实上，这种"上司文化"、"部门文化"是不可取的，它就只能造就平庸的团队，而像联想这样的伟大团队，它的文化则一定是单一的、统一的。

当然，这也不是说我们就可以完全弃个人想法于不顾，共同愿景应该是由个人愿景汇聚而成，借着汇聚个人愿景，共同愿景才能获得能量。有意为团队建立共同愿景的朋友，必须持续不断地鼓励成员发展自己的个人愿景，这也是团队文化中"以人为本"的思想。如果团队成员没有自己的愿景，那么他们所要求遵从的共同愿景就不会融合他们的个人意愿之中，这就丧失了建立共同愿景的初衷。换而言之，使个人愿景上升为共同愿景，我们就不能大搞一言堂，不能你定下什么就是什么。原因是这样的，愿景通常是治标不治本的，而且不是由一个人愿景汇集而成的，通常这样传统的由上至下的行政性指导很容易导致愿景的破产。

这也就是说，共同愿景不是下属在我们威逼下的服从意愿，而是团队中每个成员发自内心的愿景汇集而成的共同体，这就如同珊瑚虫们都在分泌石灰质，而这些行为有机地结合在一起，才能形成美丽的珊瑚。

而且，共同愿景也不是单一问题的解答。如果仅把它当作单一问题的解答，那么一旦士气低落或策略方向模糊不清的问题解决以后，愿景背后的动力也就跟着消失了，这就使愿景失去了"存活"的能源。

这可能是一个很复杂的过程，大体上说，我们在为团队设计共同愿景之时，还必须要注意以下几点：

1. 共同愿景应划分为阶段性景象，以增强团队成员实现共同愿景的信心。共同愿景是一个组织确立的在一定时期内所希望达到的景象，是组织成员为之努力的总目标。在确立共同愿景的同时，应对其进行细化和分解，将愿景根据工作规律和特点划分为阶段性景象，由分景象组成共同愿景。

2. 共同愿景应充分体现个人价值，增强员工的成就感。每个人都希望自己在人生舞台上事业有所建树，才华得以施展，情感得到尊重，这是所有个人愿景都应包含的。因此，对于这样的个人愿景必须鼓励和支持，平等对待成员中的每个人，彼此尊重，相互包容，形成一种快乐和谐的工作氛围。

3. 在建立共同愿景的过程中，领导者应身体力行。一个团队或一个部门，犹如一艘航行于大海中的轮船，作为这艘船的领导者，应成为何种角色，是船长还是舵手，是摆在每一位领导者面前的问题。可以说船本身就像一个组织，如果本身结构设计不合理，再高明的领导者也难以驾驭。

总而言之，若想成为一个合格的领导者，我们必须使团队每个成员都相信团队愿景，而不是把它做成某句裱好了挂在墙上却无人注意的话，或是一个强加的指令。因为，它的能量源于内心，而非外在的强加。

细化目标，给予清晰可行的指引

一个人、一个团队在制定目标时，首先一定要有最终目标，例如成为世界一流团队，但同时也要有阶段目标，例如在某一时间内完成怎样的成绩。当目标被清晰、合理地分解以后，其激励作用也就显现了，每每员工实现一个小目标，他们都会得到一个正面的激励，这对于培养员工工作信心的作用是非常巨大的。关于这一点，管理大师彼得·德鲁克早就有所强调，他说："企业的目的和任务必须转化为目标，目标的实现者同时也是目标的制定者。确立目标时，切记以少而精为上策。"

目标是行动的纲领，是行动的指南。就目标的类型来说，有大目标，有小目标；有长远目标，有短期目标；有总目标，也有分目标。为此，部门制定目标并细化目标是领导者做好执行工作的重要所在。

领导者要将公司的长期目标转化为让自己部门的员工可以执行的具体目标，并为集体中的每一个人指明方向。统一全体成员的意见和行动，并为他们确立目标，指出行动的方向，这是在具体执行的过程中，领导者的首要职责。

要达到目标，你必须明确重点，帮助员工把握重点。如果偏离方向，应及时予以纠正。

　　集中精力主攻与公司的使命有密切联系的目标。也许你想去攻克那些富有挑战性的、有意思的但与公司的神圣使命相差甚远的目标，记住可千万别干这种傻事。

　　分清主次。由于时间有限，所以最好选几个与公司宏伟规划相关的目标去攻克，而不是抓一大堆无善紧要的目标。定期审视确立的目标并及时更新。

　　定期审视、评估已确立的目标，有助于证实这些目标是否仍和公司的远大规划保持一致。

　　曾经有人做过这样一个实验：组织 3 组人，让他们沿着公路步行，分别向 10 公里外的 3 个村子行进。甲组不知道去的村庄叫什么名字，也不知道它有多远，只告诉他们跟着向导走就是了。这个组刚走了两三公里时就有人叫苦了，越往后人们的情绪越低落，溃不成军。乙组知道去哪个村庄，也知道它有多远，但是路边没有里程碑，人们只能凭经验大致估计需要走两个小时。这个组走到路程的一半时才有人叫苦，大多数人想知道他们已经走了多远了，比较有经验的人说："大概刚刚走了一半儿的路程。"于是大家又簇拥着向前走。当走到 3/4 的路程时，大家的情绪低落，觉得疲惫不堪，而路程似乎还长着呢！而当有人说快到了时，大家又振作起来，加快了脚步。丙组最幸运。大家不仅知道所去的是哪个村子、它有多远，而且路边每公里有一块里程碑，人们一边走一边留心看里程碑。每看到一个里程碑，大家心里便有一阵小小的快乐。这个组的情绪一直很高涨。走了七八公里以后，大家确实都有些累了，但他们不但没有叫苦，反而开始大声唱歌、说笑，以消除疲劳。最后的两三公里，他们越走情绪越高涨，速度反而加快了。因为他们知道，那个要去的村子就在眼前了。

这个实验说明，当人们的行动有着明确的目标，并且把自己的行动与目标不断地加以对照，清楚地知道自己行进的速度和不断缩小达到目标的距离时，人们的行动动机就会得到维持和加强，就会自觉地克服一切困难，努力达到目标。

领导者作为一个部门的"头儿"，他的职责是统一全体成员的意见和行动，并为他们确立目标，提供执行的方向。

第一，须随时记住总目标，以及自己的目标和工作进度表，并有效地运用自己的权限，自我控制而努力达到目标。

第二，凡未列入目标中的工作，也应用心去做，不应只限于自己的目标工作。如此，才能有效地完成所管辖的全部工作。

第三，除日常管理工作外，领导者须定期与下属接触，调整目标的状况，使业务能平衡发展。对于在达到目标的过程中所发生的特殊情况，在非报告上级不可的情况下，应尽量以最快的方式提出报告，使上级能掌握目标执行过程中的特殊变化。

在目标管理的原则上，除非下属要求领导者指导或协调，否则工作上的细节，应由下属亲自处理，领导者避免做不必要的干涉。

CHAPTER 04

不懂沟通，团队分崩
——缺乏沟通的团队，不可能一团和气

　　过去数十年，我们的管理模式一直是训斥和交付命令，而现在最为有效的管理模式是沟通与倾听。领导者若能学会如何有效地与下属进行沟通，如何专注、客观地倾听下属的反馈，就能提高别人赞同自己的影响力，使别人毫无怨言地接受自己的意见和建议。

不必刻意拉大与下属的距离

有些领导者总是高高在上，总怕下属了解自己，要让自己保持神秘感，觉得无法靠近，要让下属信服自己。其实，一个团队最重要的是凝聚力和创造力，只有内部成员齐心协力，相互关心，奔着同样的梦想前行，这个团队才是有活力、有前景的。而这跟团队领导有很大关系。如果领导具有亲和力，喜欢并善于跟下属沟通，创造融洽的工作氛围，那么必定有利于提高工作效率。

A 先生如今是一家礼品公司老板，他的礼品店生意非常好，做得非常成功。创业之前他曾在别的公司当主管，当时干得却并不好。他当主管时，总把自己看得高高在上，总想跟下属保持距离，因此他跟下属关系很不好。他仗着自己是老板高薪聘请来的，理所当然下属都应该服从他，他不需要和下属搞好关系。所以，平常他对下属态度冷漠而严厉，经常指责下属这样不好那样不好，下属内心对他非常不满。这种情况下，他们部门业绩自然不可能有多好。

别的同级部门每年都有新产品的研发，干得风风火火，业绩不断上升，而 A 先生部门员工个个萎靡不振，业绩非常低迷。除了完成他交代下来的任务之外，下属们根本不想为公司多卖力。难道是自己团队里的成员没有创造力？经过一番深刻反思后，A 先生终于明白：下属们都不振作，跟自己肯定有关。

　　第二天上班，他一改平日总是板着的面孔，无论开会还是说话时，在下属面前表现出随和、亲切的表情。他还让助理用部门经费买回各种小零食，工作间隙休息时，他跟大家一起吃东西、聊天。他态度上的突然转变，下属虽然都很吃惊，却也感到欣喜。不仅如此，Ａ先生还主动前往下属家中，和下属聊家常。由此，Ａ先生将与下属的距离拉近了很多。

　　Ａ先生不再像以前那样指责、抱怨下属，而是经常鼓励他们，不到一年时间，他们部门研发出的新产品数量在全公司排第一，他也因此而受到老板的进一步重用。

　　Ａ先生的做法就很值得大家借鉴。其实，领导者不必担心与下属走近，会影响自己的威信。公是公，私是私，你只要做到心中有数就可以了。

　　很多人大概都会觉得，现在的年轻人不喜欢这种人情关系，但这只是一些管理人员自以为是的认识而已。年轻的下属肯定渴望找到与上司更亲密的途径，只是与以前不一样的是：他们更愿意寻找在本公司里建立这种关系的方法，而不想在小酒馆聚会喝酒以联络感情。换言之，是想通过工作来进行朋友式的交流。由于上司不了解他们的这种想法，仅仅以其谢绝八小时以外的交往，就错误地认为这些年轻人只需要冷酷无情的上下级关系。可见，这种上司一开始就先入为主地认定年轻人讨厌与自己交往。受此影响，上下级的关系自然不会很融洽，上司在指导年轻人时，也总是采取留一手的态度。其实他们理应对年轻人多多指导。一旦他们认真给予指导时，就会发现年轻人出乎意料地乐于倾听。年轻人是不讨厌上司现身说法的经验之谈的。进一步说，他们更希望听听上司讲述自己如何过五关斩六将、如何走麦城的工作经历。由于上司不了解这一点，又碍于面子，以致自觉不自觉地对部下板起了面孔。由于上司的疏远，做部下的也不便于追得太近，结果就只能敬而远之，彼此之间的鸿沟也就越来越深。这就是最近在公司上下级之间出现隔阂的原因。如果上司心胸再开阔一点儿。问题也就迎刃而解了。

领导者想要与下属打成一片，就要拿下属当朋友一样去交往，要学会包容与鼓励，要及时地给予下属工作和生活上的指导。你要让下属知道，你是在帮助他们完成任务，而不是让下属觉得，他们是在为你完成任务。你要让下属认为——这个上司是值得用一生去交往的朋友。

那么，在这方面，具体我们需要怎样去做呢?

1. 不摆架子，诚恳待人

高明的领导不仅不把自己当领导，还没有"我的""你的"的概念。他不会对下属说话苛刻，不会轻易得罪下属。即使是下属错了，他也会心平气和地与下属一起分析、解决问题，而不是就此抓住某人的小辫子不放。他不会打击那些直言进谏的人，下属因此敢于大胆发表见解，他也会认真听取和采纳。

2. 用对待上司的心情对待下属

欺下媚上是有些中层领导者的不良作风。对于地位比自己的高的人，一般人都会对他尊重、恭敬、和颜悦色，不会、不敢随意得罪。上司需要尊重，其实下属一样需要尊重。所以，居于中间的领导者应该用相同的心态去对待上司和下属，尽管他们是两个不同层级的人。聪明的领导者懂得对待下属态度热情、和善，经常赞扬、鼓励他们。工作中若出了差错，主动承担领导该承担的责任。

3. 与下属相处得亲密、放松些

平日就是上班和下班，一成不变的，不要说下面的员工，连你都有时会觉得枯燥无比。再这样下去，即使员工能待在办公室里，也不能保证他的心在办公室里，倒不如放放他们，带他们出去，到附近的景点一起玩玩。不要忘记带上一些旗帜和统一一下衣服，还可以有广告作用。中国人是讲人情的，把办公室带出点人情味。

跟下属"打成一团"，能提高团队的激情，让团队成员感受到你的亲切。身为主管如果让自己团队下属拥有梦想和激情，让他们更加忠诚地跟着自己，那么还有什么不能够克服的呢？

如果彼此之间就以上内容进行很好的交流与沟通，在上下级之间肯定能产生信赖，下级就会以得到朋友而满足，即使有点儿意见，也会碍于朋友的面子而照吩咐去执行。每个领导可能都碰到过几个问题部属，有的还不断跟部属发生冲突，如果领导都能试着去了解部属而不限于八小时以内，甚至跟部属发展一些私人情谊，那么很容易就能与下属打成一片。

借助有效沟通进行心灵管理

"人生成功的秘诀，在于你能驾驭周围的群众。"这是美国前总统里根在一次餐会演讲中，勉励企业精英们如何追求卓越的金玉良言。

里根说得可谓是一针见血。领导者很难靠一己之力取得成功，你必须经常依赖他人的大力支持和合作，才能完成使命。因此，你本身成功与否，完全取决于你与下属"沟通"的能耐和功夫。

对于领导者来说，有效地与下属进行沟通是非常关键的工作，任用、激励、授权等多项重要工作的顺利开展，无不有赖于与下属的沟通顺畅。

良好的沟通是领导者与下属之间感情联络的有效途径，沟通的好与坏，直接影响着下属的使命感和积极性，同样也直接影响着企业的经济效益。只有保持沟通的顺畅，企业的领导者才能及时听取下属的意见，并及时解决上下层之间的矛盾，增强企业的凝聚力。

在现代的企业管理中，十分重视意见的沟通。有人认为："现代管理是意见沟通的世界。意见沟通一旦中止，这个组织也就无形中宣告寿终。"

如果你能掌握更多与人沟通的技巧，并严格要求自己照此去做的话，也一定能够和当今许多杰出的成功领导者一样获得以下好处：

1. 可以充分利用"集体智慧"，并从中产生最佳的决策；

2. 成功地以新的角度来检讨、改善自己的管理风格；

3. 替摇摇欲坠、面临困境的组织找到一条可以重振生机的光明道路；

4. 对下属的想法、感受有了更充分的了解，能快速地和下属们建立更亲密、更和谐的关系；

5. 团队成员都会视团队为生命共同体，大家以团队的成就为喜，以团队的失败为悲；

6. 每位团队成员都很清楚地看到自己和别人的目标、位置，能够更好地互相合作，贡献自己的力量；

7. 更有利于组织工作的协调，提高团队的工作效率；

8. 创造出一个下属可以激励自己的工作环境。

美国人迪特尼·包威斯管理一家拥有 12 万余名员工的大企业，他很早就认识到与员工沟通意见的重要性。并不断加以实践。

在迪特尼·包威斯的"员工意见沟通"系统之下：凡是个人或机构一旦购买了迪特尼企业的股票，他就有权知道企业的完整财务资料，并得到有关资料的定期报告；凡是本企业的员工，也有权知道并得到这些财务资料和一些更详尽的管理资料。迪特尼企业的员工意见沟通系统主要分为 3 个部分：员工大会、每年举办的主要汇报及每月举行的员工协调会议。

同时，迪特尼企业也鼓励员工参与另一种形式的意见沟通。企业在四处安装了许多意见箱，员工可以随时将自己的问题或意见投到意见箱里；为了配合这一计划实行，企业还特别制定了一项奖励规定，凡是员工意见经采纳后，产生了显著效果的，企业将给予优厚的奖励。令人鼓舞的是，企业从这些意见箱里获得了许多宝贵的建议。

如果，员工对这种间接的意见沟通方式不满意，还可以用更直接的方式来面对面和管理人员交换意见。

那么，迪特尼企业员工意见沟通系统的效果究竟如何呢？事实可以作答。在 20 世纪 80 年代经济衰退中，迪特尼企业的生产率每年以 10% 以上的速度递增。企业员工的缺勤率低于 3%，流动率低于 12%，均是同行业中最低的。

现代的企业一般规模庞大，因素众多，结构复杂。领导者必须做好沟通、协调工作，使各部门、各要素充分发挥作用，才能顺利地实现既定目标。

绩效的高低与领导者花在沟通上面的时间多寡往往成正比，许多成功的企业总裁、总经理、专业经理人，他们花在沟通方面的时间高达50%以上，有部分人更高达90%。一位信息业的总经理在一项命名为"成功的沟通"的座谈会中就直言不讳沟通的重要性。他说："当我开始完全学会沟通技巧之时，也是我的事业正式起飞，踏上成功大道的时刻。现在我平均每天要花掉约70%的时间和我的伙伴、员工们面对面地沟通。当然，我也必须和外界的供应商、经销商、大顾客、政府部门等有利害关系的人们进行沟通。总之，我现在每天都重复不断要做的唯一大事就是'沟通'。"

如果将沃尔玛公司的用人之道浓缩成一个思想，那就是沟通，因为这正是沃尔玛成功的关键之一。

沃尔玛公司以各种方式进行员工之间的沟通，从公司股东会议到极其简单的电话交谈，乃至卫星系统。他们把有关信息共享方面的管理看作是公司力量的新的源泉。当公司仅有几家商店时就这么做，让商店经理和部门主管分享有关的数据资料。这也是构成沃尔玛公司领导者和员工合作伙伴关系的重要内容。沃尔玛公司非常愿意让所有员工共同掌握公司的业务指标，并认为员工们了解其业务的进展情况是让他们最大限度地干好其本职工作的重要途径。

分享信息和分担责任是任何合伙关系的核心。它使员工产生责任感和参与感，意识到自己的工作在公司的重要性，觉得自己得到了公司的尊重和信任，他们会努力争取更好的成绩。

沃尔玛公司是同行业中最早实行与员工共享信息，授予员工参与权的，与员工共同掌握许多指标是整个公司恪守的经营原则。每一件有关公司的事都公开。在任何一个沃尔玛商店里，都公布该店的利润、进货、销售和减价的情况，并且不只是向经理及其助理们公布，而是向每个员工、计时工和兼职雇员公布各种信息，鼓励他们争取更好的成绩。

倾听不仅用耳朵，更要用心

为逃避人类的伤害，鹰王与鹰后经过长途跋涉，飞到一片遥远的森林。它们在密林深处挑选了一棵又高又大、枝繁叶茂的橡树，打算在上面定居下来，并在最高的一根树枝上开始筑巢，准备夏天在这儿孵养后代。

鼹鼠是住在这儿的老居民，看到两只鹰在忙忙碌碌，它忍不住提醒鹰王："你们可不能在这棵橡树上安家，它不安全，它的根已经快烂光了，随时都可能倒掉。你们赶紧另选个地方吧。"

"嘿，真是怪事！我们老鹰的眼睛多么锐利，还用得着你们鼹鼠来提醒吗？你们这些只会躲在洞里的家伙，能看到什么？竟然胆敢跑出来干涉鸟大王的事情？"

鹰王压根不听鼹鼠的劝告，继续忙着筑巢。不久，鹰后孵出了一窝可爱的小家伙。

一天早上，外出觅食的鹰王满载而归。当它怀着兴奋的心情准备回到温暖的家中时，看到的景象却是，那棵高大的橡树倒了，它的孩子无一例外葬身其中。

眼见此情此景，鹰王恸声大哭："我多么糊涂啊！当初不听鼹鼠的忠告，如今终于受到了惩罚。我从没有想过，一只鼹鼠的警告竟会是这样准确，真是怪事！真是怪事！"

"轻视从下面来的忠告是愚蠢的！"鼹鼠答道，"你想一想，我就在地底下打洞，和树根十分接近，树根是好是坏，有谁还会比我知道得更清楚呢？"

寓言虽短，寓意精辟。它告诉我们，领导者要谦虚为怀，善于听取最基层员工的意见。群众的眼睛是雪亮的，团队哪里存在隐患，他们的心里最有数，他们的建议我们必须予以高度重视。

善于倾听是有效沟通的前提。听人说话之所以备受重视，不仅是因为其有助于对事物的了解以及对说话内容的掌握，更因为听话是与他人个性契合、心灵沟通的根源。现代社会观念，已认识到说话的方法、交谈的技巧、相互的了解等对于和谐的人际关系的重要性。但是，大多数人仍偏重于说话的技巧和表达能力，致力于这方面的学习与训练，而忽略了倾听的重要性。倾听别人说话表示敞开自己的心扉，坦诚地接受对方、宽容对方、体贴对方，因而导致彼此心灵融通，是现代社会取得良好人际关系的又一个重要方面。

事实上，许多领导者不愿倾听，特别是不愿倾听下属的意见。殊不知，管理问题在很大程度上就是沟通问题，80％的管理问题实际上就是由于沟通不畅所至。不会倾听的领导者自然无法与下属进行畅通地沟通，从而影响了管理的效果。

倾听，并不一定代表你对对方谈话的认同，它仅表示对对方的尊重。每个人都有表达自己想法的权利。每个领导者都希望自己的讲话能够被下属认真地倾听，同样，每位下属也希望自己的声音能够被自己的上级倾听。倾听不是"听见"，与"听见"不同，它反映了我们对待下属的态度。如果某位朋友认为自己听见了，就是在倾听，这是错误的，因为倾听不仅仅用的是耳朵，更要去用心。我们应该要：

1. 理解下属想说什么

我们在倾听时首先要弄明白的是下属到底想说些什么，是对公司的建议，对某人的意见，还是对待遇的不满？由于每个人的性格不同，不同的员工在表达自己的观点时采取的方式也不尽相同。比如，性格较内向的下属，在表述一些敏感的问题时可能会更加隐晦。这需要我们在平时多与下属接触，多了解下属的动态，这些对正确理解下属的意图很有帮助。

2. 站在对方的立场去倾听

下属在讲述自己的想法时，可能会有一些看法与公司的利益或我们个人的观点相违背。这时不要急于与下属争论，而应该认真地分析他的这些看法是如何得来的，是不是其他下属也有类似的看法？为了更好地了解这些情况，我们不妨设身处地地站在下属的角度，为下属着想，这样做可能会发现一些自己以前没有注意到的问题。

3. 听完后再发表意见

在倾听结束之前，不要轻易发表自己的意见。由于你可能还没有完全理解下属的谈话，这种情况下妄下结论势必会影响下属的情绪，甚至会对你产生抱怨。我们在发表自己的意见时，要非常的谨慎。特别是在涉及一些敏感的事件时，尤其要保持冷静，埋怨和牢骚决不能出自我们之口。对下属而言，你的言论代表着企业的观点，所以你必须对你说出的每一句话负责。

4. 做记录，并且兑现承诺

在倾听下属的讲述时，最好做一些记录，一方面表明你对他谈话的重视，另一方面也可以记录一些重要的问题，以防遗忘。我们对自己做出的承诺，最好也进行记录。做出的承诺，要及时进行兑现，如果暂时无法兑现，要向下属讲明无法兑现的原因，及替代的其他措施。

请记住，沟通是领导者所必须具备的基本能力。有效的沟通会使下属产生一种被重视、被信任的感觉，对激发下属的工作热情、使命感、责任感，都会产生非常积极的影响。所以我们不得不重视。

以谈话技巧解决工作问题

一个负责任的领导者，一定会经常找下属个别谈话。个别谈话是领导者与其下属在日常工作、学习和生活中沟通思想感情的一种好形式，也是领导者必须重视的一种工作方式。

个别谈话对于领导者主要有两大作用：

1. 获取必要信息。在现实生活中，许多信息都是在人们的相互交谈中获得的，领导活动的信息也是如此。

对被领导者了解的途径和手段之一，就是同下级进行各种方式、方法的谈话，以取得必要的信息。这种谈话不论是在正式非正式场合下，不论成功与失败，都能获得一定的信息。这些信息有准确的，有模糊的，有随机的，都有可能对你开展工作有所帮助。

2. 解决思想问题。在领导活动中，同下级谈话往往是一种在正式场合下解决问题的补充。当正式场合下不能妥善解决问题时，就需要运用谈话的方式来解决。用这种方式解决的问题有时也可能是一些非重大责任性的问题，谈话的内容可能不多，但效果却是很明显的，因此谈话是解决思想问题的重要手段。

领导者与下属进行语言的交往，是领导活动整个过程的一部分，而这部分内容也是领导活动中一个至关重要的环节。因为通过这种方式，领导者与下属可以直接、明了、系统地传递各种信息，可以使上下级之间沟通感情，增进理解，产生亲切感和信任感。

运用谈话的方式处理问题，需要掌握处理问题的方法、时机，把动机与效果统一起来。

运用谈话的方式处理问题，最基本的方法或规律是：思想信息的收集，思想信息的分析，思想交锋，交锋后的反馈。

领导者要解决和处理好下属的思想问题，就需要认识问题的症结；而认识问题的症结，首先就要求领导者收集思想发展变化的各种信息，从可靠的信息中去寻找解决问题的方法。

总之，个别谈话对任何一位领导者来说都是非常重要的，你必须学会运用，并必须掌握一定的技巧。

对下属进行个别谈话的技巧并不复杂，只有四点：

1.把握对象，揣测心理。及时把握对象，揣测心理，是个别谈话获得成功的一个前提。要解决下属的思想问题，就要了解问题的发生、发展过程和原因，以及要解决的难点，做到心中有数。同时，谈话过程中，要随时掌握下属心理变化和影响谈话效果的几种心理障碍，使下属克服戒备心理、试探心理、恐惧心理、逆反心理、对抗心理、懊丧心理和无所谓心理。

通常人们的心理既有复杂、多变的一面，又有封闭、不易暴露的一面。这就需要领导者随时揣摩分析下属复杂的心理变化。这些变化一般是通过语言、面部表情、情绪和行为表现出来的。应根据下属的性格特征去做工作。若下属性格坦率、耿直，你的谈吐就要简洁，"迂回作战"往往适得其反，引起隔阂。若下属自尊心强，爱面子，你提出问题就应该缓和婉转。如果你遇到的是个比较固执，喜欢抬杠、顶牛的下属，须注意因势利导，以防激化矛盾。当下属讲话出现啰唆、重复，甚至出言不逊时，也不要急，而要冷静、耐心、细致地做诱导说服工作，使下属对你有信任感。

2. 摆正位置，启发诱导。运用个别谈话语言艺术，多是采取商量讨论、启发诱导的方式进行。这里不存在谁高谁低、谁尊谁卑的问题，而是以讨论商量口气进行个别谈心，使双方在轻松和谐的民主气氛中，解放思想，辨明是非，讲清道理。

个别谈话效果好坏，关键在于谈话是否摆正位置。不能以"智者"身份出现，好为人师，搞家长式作风，不让下属讲话，盛气凌人，使人产生逆反心理。要抱着平等的朋友式的态度，推心置腹地交换意见，启发下属跟随领导者输出的思想信息，把下属引入积极的思想状态，去思考和省悟问题，留给下属长时间回味，使之得到有益的启发。

3. 感化与明理有机结合。人们常说做思想工作要"动之以情，晓之以理"。其中动之以情就是一种感化，即以情感人。个别谈话时，如果双方感情真挚深厚，心心相印，有亲切感和信任感，就能引起思想感情上的共鸣，促进问题的解决。反之，如果缺乏真诚的感情，必然引起下属的惧怕心理、防御心理、颓丧心理，始终与领导者保持一定距离，难以达到预期目的。因此，在个别谈话的过程中，必须创造一个感情融洽的良好的谈话环境。

感化的目的是晓之以理。即摆事实、讲道理、以理服人。要从事实中引出道理。动之以情，不是感情用事，不能忘记晓之以理。现在一些领导者讲动情，往往忽视伦理，甚至悖理换情，一味满足迁就他人不合理的要求。这样既放弃了原则，又害了同志。

4.选准"突破口"。个别谈话要找好"突破口"。可根据不同对象的文化修养、心理特点来选择谈话的"突破口"。例如：对情绪消沉的，要鼓励、关怀、体贴，切忌当面指责；对思想疙瘩多的，要和蔼可亲，寻找共同语言，增加同心度，使自己所说的道理能被对方认识和接受。

一个领导者同下属谈话的语言运用的成功，是领导活动有效的重要条件，也是领导者获得信息、恰当地处理问题的方法，又是密切上下级之间关系的有效途径。因此，领导者必须予以高度重视。

把握沟通细节，清除沟通障碍

人们总是要通过一定的渠道和方式来交流信息，沟通思想，协调行动。如果沟通渠道堵塞、互不通气，就会造成了解情况上的片面性，"听风就是雨"，引起认识上的偏见和感情上的隔阂。

有时，信息传递失真，也会产生误解和歧视，引起冲突。例如，在一个企业中，往往由于信息渠道的不畅，设计、供应、生产、销售几个部门就常常在工作上发生冲突。在工作的完成过程中，如果遇到与他人交流上的困难，工作的完成就会遇到更多的困难。

领导者要实现与下属之间真正良好的沟通，必须在细节上下功夫，克服在沟通中的种种障碍。沟通的障碍主要来自以下几个方面：

1. 过滤。过滤指信息发送者有意操纵信息，使信息显得对接受者更为有利。比如：一名员工告诉上级的信息都是上级想听到的东西，这名员工就是在过滤信息。这种现象在组织中经常发生，当信息向上传递给高层管理人员时，员工常常压缩或整合这些信息以使上级不会因此而负担过重。在进行整合时，个人的兴趣和自己对重要内容的认识也加入进去，因而导致了过滤。

2. 情绪。在接收信息时，接受者的情绪也会影响到他对信息的解释。不同的情绪感受会使个体对同一信息的解释截然不同。极端的情绪体验，如狂喜或悲痛，都可能阻碍有效的沟通。这种状态常常使我们无法进行客观而理性的思维活动，代之以情绪性的判断。

3. 语言。同样的词汇对不同的人来说有时含义是不一样的。词汇的意义不存在于词汇中，而存在于使用者中。年龄、教育和文化背景是3个最主要因素，它们影响着一个人的语言风格。在一个组织中，员工常常来自于不同的背景，有着不同的语言表达方式。另外，部门的分化使得专业人员发展了各自的行话和技术用语。你我可能同说一种语言，但我们在语言的使用上却并不一致。

4. 文化。一个组织内其成员之间文化水平比较接近，信息沟通就容易进行；相反，文化水平相差较大，信息沟通就相对困难。组织是靠信息沟通、协调和组织全体成员的力量来实现组织目标的。如果部属文化水平低，则领导者将难以同他们进行有效的信息沟通，步调就难以保持一致，妨碍组织工作效率的提高。例如，组织目标的宣传、工作的分配、工作措施的落实、技术改造等，都需要与部属进行沟通。但如果部属文化水平较低，上述这些工作就不易得到部属的了解、赞同和支持，由此造成组织内信息沟通出现障碍。

5. 地位。组织是一个多层次的结构，因此，企业中一个普通部属可能常与同事、主管进行交流，因不能经常接触也能造成交流障碍，但不一定是地位原因。一般来说，组织规模越大、成员越多，处于中层地位的人员相互交流次数增加，而上下层地位的人员相互交流次数相应减少。尤其是企业领导者，常常因为自恃高明、目中无人、听不得不同意见、独断专行等，容易阻塞上下信息的交流渠道。从部属的角度来说，他们怕得罪顶头上司或害怕受到处罚，有问题往往不反映，或报喜不报忧，造成信息虚假，影响企业健康发展。

6. 空间距离。对信息交流及其效果有很大影响。一般来说，双方面对面地进行交流，有利于把复杂问题搞清楚，提高交流效果。如果交流双方距离太远，接触机会少，只能进行间接交流，那就很难把问题搞清楚，使双方都明白。在组织中，高层领导者与第一线工作的员工之间、不同部门员工之间存在着空间距离的远近，空间距离造成了信息交流的障碍，使他们接触和交流的机会减少，即使有机会接触和交流，时间也十分短暂，不足以进行有效交流。

为了解决或避免文化水平的差异所造成的信息沟通障碍，在选拔部属时，对文化程度应该有一定的要求，对在职员工进行多种形式的培训或鼓励他们自学文化知识等来提高其文化水平。尽量使交流的内容适合对方的思想水平和文化水平，使之充分了解交流的内容。

为了解决由空间距离较远而产生的交流障碍问题，领导者应鼓励成立和发展俱乐部、兴趣小组，通过各种有益活动，缩短成员之间的空间距离，增加接触和交往机会，促进部属之间的信息交流。

此外，组织要精简机构，减少交流层次，建立健全交流网络；领导者要尽可能地同下级和普通部属进行直接交流，使信息传递渠道畅通。

了解了沟通中可能存在的障碍后，再仔细回想你和下属上一次谈话的情形：在听下属说话时，你在做什么？是仔细聆听，还是听而不闻？在对下属说话时，他们在做什么？是听得津津有味，还是昏昏欲睡？领导者和下属沟通时的小细节，会影响到下属对领导者、对企业以及工作的想法。

通常，下属会从领导者和他们的沟通中寻找蛛丝马迹。他们很注意领导者说了什么，以及没说什么。他们也很在意领导者的聆听能力，以及他们关心员工的程度。如果领导者疏忽了一些小细节，会成为和下属沟通的致命伤。下属和领导者有良好的沟通时，下属比较乐于工作，而且生产效率会比较高。好的沟通注重聆听技巧，然后才是表达能力。

把下属的不满当成大事来抓

任何团队，在它生存、发展、壮大的过程中，不可避免地会出现某些下属对领导者心生不满或有所抱怨的现象。作为一名领导者，我们在这种情况发生之时，若未能有效地加以解决，往往会使问题扩大化，最后演变为不可收拾的局面。

所以说，作为领导者，我们必须充分重视下属的抱怨，绝对不可对下属的不满和抱怨掉以轻心、漠然视之。实际上，正是抱怨和不满，才能使我们意识到团队里可能还有其他人也在默默忍受着、抱怨着同样的问题。这种情况下，生产效率就会受到严重影响。面对下属的抱怨，我们必须谨慎地处理，不可置之不理，轻率应付。

"让员工把不满说出来。"这句话是由有着"世界第一 CEO"之称的前美国 CE 集团首席执行官杰克·韦尔奇说过的一句话。"让员工把不满说出来"，实际强调的是沟通的重要性。通过这种沟通，可以实现企业内部管理信息的"对流"。一方面，倾听员工发自内心的呼声、意见和建议，便于企业决策层、管理层撤销不合理的管理办法，制定出更加科学合理的制度，提高管理水平；另一方面，听到来自企业决策层、管理层的准确声音之后，员工的顾虑、猜疑和不解就会烟消云散，工作起来心情舒畅，把更多的精力投入到创新生产技术、提高工作效率上，增强企业竞争实力。

退一步说，其实任何领导者，都不可能把所有的工作都做得非常完美、滴水不漏，总有一些事情处理得不公平、不恰当，一些重大决策制订得不合理，一些管理工作做得不到位，使员工产生了不解或不满情绪。这时，如果我们不能和下属进行有效的沟通，让下属把不满说出来并及时处理，就会使下属的不满和怨气越聚越多、越积越重，最终导致团队发生严重的管理危机。因此，"让员工把不满说出来"不失为一种很明智、很可取的化解上下级矛盾的好方法。

当然，"让员工把不满说出来"说起来容易，做起来很难。这需要我们态度诚恳，能够洗耳恭听下属的意见，甚至是批评的意见，而不是走走形式，或做做样子。一般来讲，如果我们这些领导者具有较敏锐的直觉，在听取下属的牢骚或辩白时，往往就会对问题的所在一目了然。但即使如此，我们也不能在下属刚开口时就泼冷水，也切不可在他尚未提出意见时就加以反驳。因为如此一来，只能使他们原来低落的情绪更加低落。对下属的抱怨，我们必须认真对待，要把它当成一件大事来抓。所以我们要：

1. 了解反映的所有细节，做笔记，询问反映的每一个细节、时间、地点、环境、其他在场的人等。一定要保证你获得解决这一情况所需的全部信息。

但要注意，不要在这一步骤中评价下属的反映。通过专心倾听，你可以获得所有的细节，一定要做详细记录以备以后参考。这些记录对解决问题非常有好处。

2. 做出反应，说明你已了解了问题，比如重复每一个细节，在谈论问题的其他方面时对每一个细节都已掌握了。如果你发现下属根本不同意你的表述，要立即澄清事实。努力倾听下属的话，可以维持或强化他们的自尊心。

3. 坦诚表明你的立场，记住，该说的都说了，该做的都做了，解决问题的责任都落在了你的身上。专心听使你易于理解下属在事件中的立场。由于每一个事件都有两个立场。你只有考虑到事件对整个组织的影响后，才能够处理反映的问题。要很诚恳地说明你的立场，说明你是就事论事，要针对反映的问题本身和他的影响，不要针对下属的个性发表意见。这样，就可以做出一种客观地反应，有技巧的反应会维持下属的自尊心。

4. 要询问下属如何处理他反映的问题，一定要让下属参与解决，这样你会获得他的承诺。如果问题很复杂，你应坦诚说明你解决问题的意图，以及可选择的解决方案等，让下属相信你不是在敷衍他。

5.下属的抱怨将会提醒你的注意，请对此应表示谢意，通过对下属表示谢意，说明下属对问题的看法向你提供了有价值的建议。下属知道你高度评价了他在解决问题时所付出的努力时，会在出现别的问题时更努力。通过强调小组工作的重要性进一步加强下属的自尊心。

6.要有自我控制力，在面对下属的抱怨时，你需要有耐心和自我控制力，尤其是下属的抱怨牵涉到你，使你感到很尴尬时，更需要极大的耐心和自我控制能力。

掌握事实。即使你可能感觉到不迅速做出决定会有压力，你也要在对事实进行充分调查之后再对抱怨作出答复。要掌握事实——全部事实。要把事实了解透了，再做出决定。只有这样你才能做出完善的决定。小小的抱怨加上你匆忙的决定可能变成大的冲突。

总而言之，作为领导者，我们不能让下属的抱怨越积越多，一旦发现下属有不满情绪要及时了解情况，及时解决处理；否则不满情绪越积越多，就像充气的气球，到了一定程度就会爆炸。

妥善处理下属心中的抱怨

"人生不如意十之八九"。下属除有一些生活和工作上的烦恼外，还可能有一些抱怨。作为领导者，要认识到，下属发发牢骚，吐吐苦水是很正常的事，不能以为下属表示不满就表明此人对团队甚至对你个人极为怨恨，或者认为这个人不努力工作。相反，有时候恰恰是"爱厂如爱家"的员工才会抱怨公司的一些领导或其他人和事的做法。

所以，领导者不能对下属的抱怨充耳不闻，更不能对有抱怨的下属存在偏见，而应用心倾听这些抱怨。说不定正是这些抱怨让你认识到自己管理上的不足，从而改进自己的工作，让团队更具有活力。

实际上，下属的不满是很容易发现的。倘若你细心观察，便会发现某些行为一反常态。例如：做事心不在焉而频频出错，经常性的迟到早退，工作表现乏善可陈，不与同事打交道，刻意回避公司举办的各项活动，毫无征兆的愤怒等。这些情况都可能是下属不满的表现，必须加以注意。

出现这些征兆都不会毫无原因。事实上，无论出现了什么样的问题，目的都只有一个：希望以此引起领导者的注意，不必感到惊讶，因为一般人宁可挨骂，也不愿受到冷落。因此当你看到某个下属原本非常敬业，最近却像是在梦游般地频出差错，或是某个人缘极佳的同事，连续几天都莫名其妙地把自己"关禁闭"，不屑跟别人讲一句话时，那你得当心了，因为他们已经向你亮起了红灯，发出了讯号。倘若未能防微杜渐，及时予以开导，那他们的情绪会越来越低，传递的警讯也越来越强烈。

那么，领导者应如何处理下属的抱怨呢？

1.提供给下属申诉抱怨的渠道。下属如果内心不满，而又无处发泄，只会不断升温，影响工作，进而愤然辞职。这对一个团队来讲不会是好兆头。

2.要让下属觉得领导者乐于接受抱怨。领导要注意聆听下属的抱怨，特别注意的是让下属说出他们的困难，因为他们往往紧跟着说出自己想怎样去解决的办法。他们所需要的是领导的关怀和同情，只要你能流露出关注的眼神与倾听态度，那么你在协助下属解决困难方面可以说已经成功了一半。

3. 要对抱怨进行详细的了解。弄清引起其抱怨的具体原因相当重要。下属不满的原因大概有：薪酬与付出不符；没有工休时间；领导者行为失当；临时取消休假或加班没有额外补偿。知道问题所在后，就要妥善处理。如果是一时的误会，就要耐心地跟下属说清楚；如果是因自己的一时疏忽，就要坦诚地向下属道歉。这样，下属才会干劲十足地为你服务。

4. 对于一些不合理的抱怨，领导者也应坚决予以制止，不能让这种不良言论扩大，影响整个团队，必要时可以采取强制措施。

除了做好以上四点外，领导者还要注意处理抱怨时的具体步骤和细节，以下内容供大家参考：

1. 尽量满足员工的欲求。不满是因其欲求没有达到而产生的，这是一个本质上的问题。因此，平息不满的方法，就是稳定他们的情绪、寻找并解决不满的原因、聆听他们的意见，以及在可能的范围内满足他们的需求。就某种程度而言，这是极有效的解决办法。

2. 先使下属的情绪平静下来，既然下属有勇气和你面谈，一定是对工作岗位或某方面感到烦恼。如果一下子走进正题的话，他的语言组织能力和情绪未能很好地配合，很容易会说出对你不敬的话。首先让他舒适地坐下，关切地表示欢迎他把困难说出来，表示你有耐性听他的意见，然后再慢慢转入正题。

3. 注意自己语言之外的语言。领导者的声调、表情影响下属的情绪。轻松诚恳的语调，凡事用询问方式表达，友善的身体语言均对下属有一种安抚作用。

4. 将问题定在一个范围内，避免东拉西扯地找出更多的问题来。例如，他对取用文具规定太严格而抱怨，你莫将问题扯到经济上，再转到加薪幅度，那样会把问题越弄越大。

5. 巧妙利用不满。一定范围内、一定程度上的冲突是活力、创新力的一个来源或者说原动力。冲突的这一特点也同样体现在"不满"上。由于对现状的不满，会刺激新的转变。作为领导者，要善加利用这种情绪，不要愚蠢地去做强迫性的压制。可以说善于巧妙地利用这情绪是高明领导策略的一种体现。

6. 不是每个人的表达能力都很好，有些人情绪激动时，说话便失去连贯性。一时间，你只觉得千头万绪，不知道他在说什么。别心急，耐心地倾听整件事，暗中记下你的疑问，再加以询问。如果你不了解他说的事，别一再询问，建议一个再讨论的时间，然后搜集资料，再跟他讨论。可别忘记约会的时间，否则他对你产生更大的成见。

7. 在交流中发表看法时，不能牵扯到个人的敏感问题，比如，政治观点、宗教信仰、社会地位等。不论你说什么，绝对不能用那些会造成不良工作环境的语言。否则，会引起下属们的反感，还会增加下属的抱怨。

8. 不是每个人提出的问题都能轻易得到解决的，遇到棘手的问题，看看应否召开团队会议，以投票方式决定某些事项。当然，做出的决定不能影响团队的运作。

总之，与手下人沟通，解决下属的抱怨是经常的、大量的工作，可以说天天都能遇得到。作为领导者，应尽可能地同下属进行交流，下属们知道得越多，理解就越深，对事物也就越关心，抱怨也就越少。

一旦他们开始关心，什么困难也不能阻挡他们。了解下属的抱怨，并能及时化解是管理下属的关键，绝不能让抱怨蔓延开来，以免影响团队的正常运行。

批评时尽量以委婉方式进行

大家都知道，管教孩子的方法可分"限制"和"要求"两种。孩子在餐厅吵闹时，我们大声吼住是限制管教。这方法虽能吓阻孩子的行为，却会让孩子感到无所适从。相反，斥责后再指示该怎么做，便属于后者——要求管教。

美国的心理学家以 8 岁的孩子为对象，调查孩子的上进心与幼儿期的管教方式的关系。结果显示，有上进心的一组孩子，均是接受要求管教而成长的，而缺乏上进心的孩子，自小到大完全是接受限制管教。

为什么接受限制管教而长大的孩子干劲低落？因为行为受限制，自然会产生不满，使向上精神降低。行动被禁止或抑制，是表示欲求遭受阻碍，这会使人失去意愿，也会缺乏去改变行动的积极精神。限制管教法用久了，孩子便会丧失上进心。

只要能汲取这点教训，对提高批评效果会有所助益。因为我们之中大多数人都误以为，批评就是管理。也以为不常常批评部下反而会被部下轻视，所以，为表示自己的地位高于部下，便以批评作为管理的重要手段。但像这样以批评来惩罚部下，到最后不免会削弱部下的干劲。因为人的大脑部分刺激，将会波及四周，而想起过去发生的许多事，且会无限扩大，使人感到犹如被绳子勒紧脖子一般。如此将会使部下的欲求不满，上进心也随之减弱。基于这点，我们在批评下属之际，首先要确定批评内容。在脑海中先演示批评的经过情形，才能增加批评效果。

毫无疑问，领导者必须对罚持慎重态度，慎重的一个侧面就是含蓄、委婉。对于现代领导者而言，在一些特定条件下，批评他人，指出别人工作中的错误和疏漏不能过于直接，因为那样容易造成对抗情绪，从而导致他错上加错。而委婉的批评、善意的指导则容易让人接受。

其实这其中是很有学问的，就拿赞美而言，赞美我们大家知道，初衷都是好的，但偏偏有许多朋友在赞美之后，喜欢拐弯抹角地加上"但是"两个字，这效果就大不一样了。举例来说，有人想改变孩子漫不经心的学习态度，很可能会这样说："小明，你这次成绩进步了，我们很高兴。但是，你如果能多加强一下代数，那就更好了。"

原本受到鼓舞的小明，在听到"但是"两个字之后，很可能会怀疑到原来的赞美之辞。对他来说，赞美通常是引向批评的前奏。如此，不但赞美的真实性大打折扣，对小明的学习态度也不会有什么助益。

如果我们改变一两个字，情形将会大为改观。我们可以这么说："小明，你这次成绩进步了，我们很高兴。如果你在数学方面继续努力下去的话，下次一定会跟其他科目一样好。"

这样，小明一定会接受这番赞美了，因为后面没有附加转折。由于我们也间接提醒了应该改进的注意事项，他便懂得该如何改进，以达到我们的期望。

批评也是这个理，委婉批评总比直接批评要好，间接指出别人的错误，比直接说出口来要温和，且不会引起下属的强烈反感。在这方面，我们为大家提供了几点建议：

1. 批评要对事不对人。

2. 万不可伤害下属的自尊。

3. 将怒火控制在合理的范畴之内。

以下则是一些间接批评的方法，提供给大家以做借鉴之用：

1. 旁敲侧击，给其暗示。

2. 逐步深入，顺序渐进。

3. 用语婉转，予以启发。

4. 褒贬结合，欲抑先扬。

下属的错误是领导者需要经常面对的问题，而批评则是一种负强化激励手段，是对下属的错误行为给予否定，使之逐渐减弱、消退、以改正错误。管理在批评下属时应因人、因事而异，有时需要坦白指出来，有时则需要迂回一下，委婉一点。两者的区别和火候需要我们这些领导者用心揣摩才行。

协调好下属之间的矛盾冲突

有人群的地方就会有区别，有区别就会产生冲突。当团队中不可避免的成员冲突摆在眼前时，就需要领导者巧妙地解决它。

当刘经理走过本部门时，员工张伟走了过来，要求私下谈谈。显然有什么事情在烦扰着张伟。回到办公室刚坐下，张伟就滔滔不绝地谈起他与同事老陈之间的冲突。

照张伟的说法，老陈欺人太甚，不惜踩着别人的肩膀向上爬。特别是，老陈为了使他难堪，故意把持住一些重要的信息，而他正需要这些信息来充实报告。老陈甚至利用别人做的工作为自己沽名钓誉，等等。张伟坚持认为，必须对老陈采取措施，而且必须尽快——否则的话，他警告说，整个部门将会有好戏看。

这样，刘经理就不得不处理必然要遇到的微妙局面：两位员工之间的冲突。解决员工之间的冲突可能比解决任何难题都需要更多的技巧和艺术。在冲突大规模升级之前，该做些什么才能使之消失于无形呢？

必须意识到，冲突不会自行消失，如果置之不理，下属之间的冲突只会逐步升级。作为领导者，有责任在部门里恢复和谐的气氛。有时必须穿上裁判服，吹响哨子，及时地担任起现场裁判。

下列 4 点是领导者在处理冲突时所必须牢记于心的：

1.记住自己的目标是寻找解决方法，而不是指责某一个人。指责即使是正确的，也会使对方顿起戒心，结果反而使他们不肯妥协。

2.不要用解雇来威胁人。除非真的打算解雇某人，否则，说过头的威胁语言只会妨碍调解。如果威胁了，然后又没有付诸实施，就会失去信用，人们再也不会认真看待领导者说的话。

3.区别事实与假设。消除任何感情因素，集中精力进行研究，深入调查、发现事实，这有助于找到冲突的根源。能否找到冲突的根源是解决冲突的关键。

4.坚持客观的态度。不要假设某一方是错的，而是要倾听双方的意见。最好的办法是让冲突的双方自己解决问题，而领导者担任调停者的角色。可以单独会见一方，也可以双方一起会见。但不管采用什么方式，应该让双方明白：矛盾总会得到解决。

为了保证会谈成功，必须做到以下几点：

1.定下时间和地点。匀出足够的时间，保证不把会谈内容公之于众。

2.说明目的。从一开始就让下属明白，要的是事实。

3.求大同，存小异。应该用肯定的调子开始会谈，指出双方有许多重要的共同点，并与双方一起讨论一致之处。然后指出，如果双方的冲突能得到解决，无论是个人、部门，还是整个公司，都可以避免不必要的损失。还可以恰到好处地指出，他们的冲突可能会影响到公司的形象。

4.要善于倾听不同意见。在了解所有的相关情况之前不要插话和提建议。先让别人讲话，他们的冲突是起因于某一具体的事件，还是仅仅因为感情合不来？

5. 完全中立。在场时必须一直保持感兴趣、听得进而又不偏不倚的形象。不要给人留下任何怀疑、厌恶、反感的印象。当下属讲话时，不能赞同地点头。不能让双方感到领导站在了某一边。事实上和表面上的完全中立有助于使双方相信领导者的公正。

6. 重申事实。重申重要的事实和事件，务必使双方不发生误解。

7. 寻求解决的方法。允许当事人提出解决的方法。特别要落实那些双方都能做到的事情。

8. 制定行动计划。与双方一起制定下一步的行动计划，并得到双方执行此计划的保证。

9. 记录和提醒。记下协议后，让双方明白，拒不执行协议将会引起严重的后果。

10. 别忘记会后的工作。这次会谈可能会使冲突的原因公开，并引起一系列的变化。但是不能认为会开完了，冲突也就彻底解决了。当事人回到工作岗位之后，他们可能会试图和解，但后来又再度失和。必须在会后的几周、甚至几个月里监督他们和解的进程，以保证冲突不会再发生。

领导者可以与其中一方每周正式会晤一次来进行监督。如果冲突未能得到解决，甚至可以悄悄地观察他们的行为。

能否果断直接地处理冲突，表明领导者是否尽到了责任。积极的处理将向下属发出明确的信号：不会容忍冲突——但是愿意作出努力，解决任何问题。

CHAPTER 05

有激励才出成绩
——领导者不懂激励，团队没有激情与士气

　　不懂激励的领导不是好领导，人人都渴望得到认可，这是常识，但你既然知道却无法去激励，那就是你的失职。激励是管理的一种有效手段，领导者需要将精神激励与物质激励结合起来，如此方能达到"士为知己者死"的理想效果。

薪酬制度必须起到正向作用

人力资源素质是决定企业核心竞争力的关键性因素，企业如能建立一套合理灵活的薪酬制度，那么必能挽留人才、吸引人才，从而使企业发展壮大。

英国经济学家格雷欣发现了一个有趣的现象，两种实际价值不同而名义价值相同的货币同时流通时，实际价值较高的货币，即"良币"必然退出流通——它们被收藏、熔化或被输出国外；实际价值较低的货币，即"劣币"则充斥市场。人们把这种现象称之为"格雷欣法则"，亦称之为"劣币驱逐良币规律"。

领导者应清楚地认识到薪酬制度的严肃性和公正性的重要，只有客观、公正的制度才能使执行落到实处，才能促进工作卓有成效。一般来说，薪酬激励能够从多角度激发员工强烈的工作欲望，成为员工全身心投入工作的主要动力之一。

随着企业制度的深化改革，以及部门独立核算的形成，在很大程度上，许多大的集团公司已将员工的薪酬管理权力交到了部门负责人手里，即由部门领导者根据部门员工的切实情况制定报酬。

所有企业在薪酬或人力资源管理方面均可能发生与格雷欣所见类似的情形，实际生活中的例子亦屡见不鲜。由于企业在薪酬管理方面没有充分体现"优质优价"原则，高素质员工的绝对量尤其是相对量下降——这一方面表现为对自己薪酬心怀不满的高素质员工另谋高就；另一方面亦表现为企业外高素质人力资源对企业吸纳诉求消极回应，这一般会导致企业低素质员工绝对量，尤其是相对量上升——一定数量高素质员工留下的工作岗位，需有更多低素质员工填补时尤其是这样。这还只是薪酬管理"格雷欣法则"刚启动时的情形。

我们当然不能将所有高素质员工的流失都归结为"格雷欣法则"惹的祸。有时，高素质员工流失是由于用非所学；有时则由于个人的价值取向与企业主流文化存在难以弥合的差异等。但确有相当一部分高素质员工的流失，是由于薪酬或人力资源管理"格雷欣法则"的作用。

在薪酬上，一方面人力资源本身千差万别；另一方面薪酬更为丰富多彩。因而，企业在员工的薪酬管理方面的"格雷欣法则"有诸多具体表现：

1. 在同一企业，由于旧的人事与薪酬制度惯性等，一些低素质员工的薪酬等于甚至超出高素质员工，从而导致低素质员工对高素质员工的"驱逐"。

2. 在同一企业，由于旧的人事与薪酬制度惯性等，虽然高素质员工的薪酬超出了低素质员工，但与员工对企业的相对价值不成比例。现阶段，这是低素质员工对高素质员工"驱逐"的一般情形。

面对以上两种情况，企业领导者要想遏制"格雷欣法则"需要做到：

1. 须有新的薪酬观。对所有企业来说，均须将员工薪酬的提升看作是员工素质提高、企业兴旺发达的重要标志，这是因为，如果处理得当，薪酬提升可以启动员工素质提升与企业效益提高的良性循环。

2. 将薪酬调查作为企业薪酬管理不可忽视的环节。尤其注重对企业核心员工的薪酬调查。不仅要了解竞争性企业核心员工的薪酬水平，对其他行业核心员工的薪酬水平亦应有较为广泛的了解。

3. 判定员工薪酬水平高于或是低于市场观念。将市场薪酬水平作为员工薪酬水平判定的参照数。

4. 为员工提供有竞争力的薪酬，使他们一进企业便珍惜这份工作，竭尽全力，把自己的本领都使出来。支付最高工资的企业最能吸引并且留住人才，尤其是那些出类拔萃的员工。这对于行业内的领先企业，尤其必要。

5. 重视内在报酬。除了工资、福利、津贴和晋升机会等外在报酬外，还有基于工作任务本身的内在报酬，如对工作的胜任感、成就感、责任感、受重视、有影响力、个人成长和富有价值的贡献等。内在报酬和员工的工作满意度密切相关，对那些知识型员工来说，尤其如此。

因此，企业组织可以通过工作制度、员工影响力、人力资源流动政策来执行内在报酬，让员工从工作本身得到最大的满足。

6. 收入和技能挂钩。建立个人技能评估制度，以雇员的能力为基础确定其薪酬，工资标准由技能最低到最高划分出不同等级。这种评估制度的最大好处在于：员工会因此较多地关注自身的发展。

畅销书《执行力》的作者大卫·伯恩说，常见的工资支付方式有计时、计件、包工三种。这些方式各有利弊，其效果取决于工作性质和管理人的能力。支付方法和报酬率有赖于管理部门的能力和才智，工人的热忱和车间的平静气氛也在很大程度上依赖于它们，如果运用得好，便可激励员工的干劲。所以，企业在对员工执行薪酬制度时，应遵循以下几点原则：

1. 公平性原则。部门职工对工资分配的公平感，也就是对工资发放是否有公正的判断与认识，是部门在设计工资制度和进行工资管理时首先需要考虑的因素。这里的公平性包括三个含义：本部门工资水平与其他同类部门工资水平相当，本部门中同类员工工资水平相当，员工工资与其所做贡献相当。

2. 激励性原则。根据优劣情况，在部门职工的工资水准上，适当拉开差距，真正体现按贡献分配的原则。平均主义的"大锅饭"分配制度的落后性及其奖懒罚勤的负面作用，人们分析得已经很多了，这里不再赘述。

3. 经济性原则。提高工资水准，固然可提高其竞争力与激励作用，但同时不可避免地会导致人力成本的上升，所以工资制度不能不受经济性原则的制约。不过企业人力资源主管在考察人力成本时，不能仅看工资水平的高低，还要看职工所能取得的绩效水平。事实上，后者对企业产品的竞争力的影响，远大于成本因素。也就是说，员工的工作热情与革新精神，对企业在市场中的生存与发展起着关键作用，若过多计较他们的工资给多给少，难免因小失大。

总之，合理的薪酬制度是充分发挥员工积极性的重要手段，是树立高度的工作责任感，以及推动目标执行到位的重要保证。

设立科学合理的竞争体系

竞争，它可以说是推动一个社会、一个企业、一个人前进的主要动力之一。国际上为什么要制定"反垄断法"？从某种程度上说，它就是在提倡竞争，因为有了竞争，社会才能有进步。我们完全可以这样说，英特尔如果没有 AMD 这个竞争对手的话，芯片技术的发展甚至可能要比现在落后十几二十年；微软就是因为在操作系统领域一家独大，才会出现满意度极低的 WindowsVista 这类产品，而它的主要竞争对手竟然是过去自己开发的 WindowsXP！

在一个团队中，如果没有竞争，员工就会不思进取，就会麻木，就会懈怠，就会应付了事，就会躺在以往的成绩上睡大觉，这不仅是对他们个人，也是对整个团队的一种伤害。

美国一家面临倒闭的钢铁厂，在频繁更换几任总经理，花费了巨大的财力人力物力后，对于走向破产的钢铁厂大家已经黔驴技穷，一筹莫展，员工也都士气涣散，唯一能做的事情就是等着工厂宣布破产清算。新到任的总经理似乎也拿不出什么好的办法来，但他却在几次员工会议上发现了一个现象，公司的每次决策制度公布时，大家似乎都不愿意提出反对意见，领导者说什么就是什么，以前怎么做的就怎么做，会议总是死气沉沉。因此这位总经理果断做出了一个决定，以后会议，不分层级，每个人都有平等发言的权利，如果发现问题，谁提出解决方案并且没有人能够驳倒他，他就是这个方案项目的负责人，公司给予相应的权限和奖励。新制度出台后，以往静悄悄的会议逐渐出现了热烈的场面，大家踊跃发言，争相对别人的提案进行反驳，有时候为争论某个不同意见，争论者面红耳赤，甚至大打出手，但在走出会议室之前，都会达成一个解决问题的共识，不管是同意还是反对，都要按照达成的共识去做。过了一段时间后，奇迹出现了，这家钢铁厂逐步走出困境，起死回生，甚至在几年后进入了美国最优秀的四大钢铁厂之列。

这家濒临倒闭的美国钢铁厂能够起死回生，源于他对自己固有文化的一种突破，将死气沉沉的"一言堂"会议氛围激发为大家群策群力的脑力激荡，企业被注入了新的生命力和竞争力，企业的决策质量和水平都得到了极大的改善和提高。

事实上到了今天，可能很多领导者都已经意识到了竞争的重要性，他们当然也希望通过某些手段来改变这种现状，于是开始在团队中添加一些激励政策。但这里有一个误区，很有必要提醒大家一下：

有些人会在自己的团队中设立"优秀员工奖"的年度评选，其初衷是为了激励大家更加努力的工作，但事实上，他们可能只激励了那一部分获奖的员工。为什么这样说呢？

首先，这个评奖可能并不能体现真正的公平。很多领导者可能会设法通过工作手段使上一届优秀员工得主在这一次落选，目的是为了让大家都能"尝尝甜头"。这从平衡的角度上说，无可厚非，但从激励的角度上说，就显得不那么给力了。

其次，这个奖的吸引力不够。换而言之，如果你颁发的"优秀员工奖"是上万元的奖励，那么相信每个人都会积极争取；但如果你给的只是那么一点不起眼的东西，就另当别论了。或许有人要说，我们的目的是"不重金钱，鼓励为主"，是要让员工看到获得这个奖的荣誉。那么麻烦大家扪心自问一下，倘若换作是你们，会不会为了几百块拼了老命？所以，很多人会对这个奖不屑一顾，这样也就没了竞争，也就没了动力，而那奖，可能只是颁给特定的几个人而已，对于提高整个团队积极性的作用则是微乎其微。

综上所述，作为领导者，我们必须为自己的团队建立起良好的竞争机制，不单单是为了员工的个人成长，也是为了我们所率领的团队能够越变越强。否则，若不及时反省自己的管理原则，那么我们随时都有可能惨遭淘汰。事实上，当前国内许多企业办事效率不高、效益低下，员工不求进取、懒散松懈，从根本上说，就是缺乏竞争的结果。我们既然看得到，就不要让自己重蹈覆辙，我们可以在自己的团队中引入多种多样的竞争，例如，进行各种竞赛，如销售竞赛、服务竞赛、技术竞赛等；公开招投标，进行各种职位竞选；用几组人员研究相同的课题，看谁的解决方式最好，等等。还有一些"隐形"的竞争，如定期公布员工工作成绩，定期评选先进分子等。你可以根据本团队的具体情况，不断推出新的竞争方法。

但需要申明的是，不管你用什么方法，必须要注意竞争规则的科学性、合理性，执行规则的公正性；要防止出现不正当竞争，培养团队精神。因为竞争一旦走了形，不但不能激励员工，反而会挫伤员工士气。如果优秀者受到揶揄，就是规则出了问题，不足以使人信服。我们必须认识到，竞争中任何一点不公正都会使竞争的光环消失。如同一场裁判偏袒一方的足球赛，如果竞选某一职位，员工知道你们早已内定，还会对竞选感兴趣吗？如果进行销售比赛，对完不成任务的员工也给奖，能不挫伤先进员工的积极性吗？失去了科学与公正，竞争也就失去了意义，只有我们先做到科学公正，竞争才能达到效果。

普通员工也能够激发出潜力

在领导者的日常管理中，普通员工占大多数，他们同领导者一样肩负着重任。如果没有他们的辛勤工作，企业就不可能兴旺发展。调动他们的工作积极性可以说是管理工作的重中之重。

然而有时候，在这些员工与领导者之间却存在着很深的隔阂。员工认为自己的工作吃力不讨好、单调乏味、毫无前途，自己又何必卖力干呢。而在上级眼里，这些员工的技能低、流失率高、职业道德差，所以根本不值得花精力培养他们。

在企业中，普通员工中普遍存在的消极行为共有七种类型：1. 未能达到最低的工作要求；2. 对别人和自己缺乏尊重；3. 不能界定自己的职责；4. 合作精神差；5. 沟通水平低；6. 行为情绪化；7. 对工作的承诺较低。

许多领导者和培训师最经常提到的一句话是"他们缺乏职业道德"。但是实际上并非如此，大多数普通员工非常渴望在工作中有所建树，并且希望其工作表现能有助于个人发展。虽然大家都表示希望通过工作来改善生活和发展事业，但很多人却认为，就现有的工作而言，即便做得再好也是徒劳无益。

是什么原因使这些普通员工放弃自己的目标、工作表现较差甚至不达标呢？调查结果显示，原因大致有几种：1.同事偷懒不出力；2.上司压制；3.不敢胜过同事；4.员工流失率高；5.同事间缺乏相互尊重；6.缺乏上司的赏识；7.缺乏自我控制。

那么，领导者怎样才能将员工内心的想法转换为工作动力呢？强化工作动机就可以诱发员工的工作热情与努力，改善工作绩效。这里要强调的是领导者所做的一切努力只是一个诱发的过程，能真正激励员工的还是他们自己。

要冲破员工内心深处这道反锁的门，你就必须要好好地谋划一番，建立一个高效的激励系统。

1.高效可实施。一个有效激励系统至少要符合下列原则：

①简明。激励系统的规则必须简明扼要，且容易被解释、理解和把握；

②具体。仅仅说"多一点"或者说"别出事故"是根本不够的，员工需要准确地知道到底希望他们做什么；

③可以实现。每一个员工都应该有一个合理的机会去赢得某些他们希望得到的东西；

④可估量。可估量的目标是制定激励计划的基础，如果具体的成就不能与所花费用联系起来，计划资金就会白白浪费。

2.有明确的步骤与要旨。一个高效激励系统的建立，会为管理人员省下大量的时间。你再也用不着为员工低效率的工作而担心，也用不着费神向他们解释何谓"主人翁"。因为每个人心中都有一面明镜，成绩是铁的事实，耕耘必有收获。一个有效的激励系统的建立过程大致分为如下步骤：

①制定高的工作绩效标准。平庸的人所定的标准是很难产生卓越的成就的，低标准往往会滋生出"自我满足"的不良倾向，高标准也并不意味着高不可攀，主要是要让所有的员工明白自己目前的工作不是最优秀的，没有什么了不起。

②建立起准确、可行的工作绩效评价系统。工作绩效的评价，必须着重于工作规范与工作成果的评价标准。标准的制定一定要符合实际，依据工作目标，对员工进行考核。同时这种标准一定是针对团队而非特意为某个人订立的。当工作策略有变更时，注意要重新检查、核对绩效评价标准。而且，只要有必要，就必须一一再做检查、核对。

③训练对工作绩效的评价技巧以及与各级领导者上情下达的沟通艺术。绩效评价的效果是如何直接与员工的薪金、报酬挂钩的，这是个非常敏感的问题，所以你必须要注意这里的艺术与技巧。领导者的行为举措的最终目标在于激励，而非激怒，所以绩效评价也应该是往积极的方向努力。对于优秀的工作绩效，除了对员工进行赞美、褒奖之外，更关键的是让他明白组织对他的重视与珍惜，从而使他产生一种神圣的使命感。对于低的工作绩效，必须给予批评，但必须是善意的、建设性的，是就工作而言，而非人身攻击。

④制定一个范围较宽的提高工作绩效的指标，这会使激励系统更具有可行性。这些指标将会使所有的人立刻意识到存在的不足与改进的方向，学会自我绩效的管理。

⑤将奖励与工作绩效紧密相连。领导者要使员工深切体会到两者关系的密切。对员工绩效的评价最终都应在奖励上找到对应的坐标，哪怕奖励是微不足道的，也要"始终不渝"地进行。因为这样做，会使员工认识到确实有什么东西值得自己去努力一番。

放入"鲶鱼"激发团队生机

团队如果在顺境中的时间久了，内部往往会产生懒于动弹的沙丁鱼。往往这时就是危机来临的时刻。如果团队领导者学习聪明的渔夫，就会将一条不断追逐并威胁沙丁鱼的鲶鱼放入平静的水面……

日本的本田公司在一个时期曾陷入发展困境，公司的总裁本田宗一郎认为，如果将一个公司的员工进行分类，大致可以分为三种：不可缺少的干才；以公司为家的勤劳人才；终日东游西荡、拖企业后腿的蠢材。显然本田公司最缺乏前两种人才。

但本田也知道，若将终日东游西荡的人员完全淘汰，一方面会受到工会方面的压力；另一方面，企业也将蒙受损失。这些人其实也能完成工作，只是与公司的要求与发展相距远一些，如果全部淘汰，显然是行不通的。经过再三考虑，本田找来了自己的得力助手、副总裁宫泽，并谈了谈自己的想法，请宫泽帮助出些主意。

宫泽告诉他，企业的活力根本上取决于企业全体员工的进取心和敬业精神，取决于全体员工的活力，特别是企业各级管理人员的活力。公司必须想办法使各级管理人员充满活力，即让他们有敬业精神和进取心。本田询问有何良策，宫泽给本田讲了一个挪威人捕沙丁鱼的故事，引起了本田极大的兴趣。

挪威渔民出海捕沙丁鱼，如果抵港时鱼仍活着，卖价要比死鱼高出许多倍。因此，渔民们都想方设法地让鱼活着返港，但种种努力都失败了。只有一艘渔船却总能带着活鱼回到港内，船老板收入丰厚，但原因一直未明。直到这艘船的船长死后，人们才揭开了这个谜。原来这艘船捕了沙丁鱼，在返港之前，每次都要在鱼槽里放一条鲇鱼。放鲇鱼有什么作用呢？原来鲇鱼进入鱼槽后由于环境陌生，自然向四处游动，到处挑起摩擦，而大量沙丁鱼发现多了一个"异己分子"，自然也会紧张起来，加速了游动。这样一来，就一条条活蹦乱跳地回到了渔港。

本田听完了宫泽讲的故事，顿时豁然开朗，连声称赞这是个好办法。宫泽最后补充说："其实人也是一样，一个公司如果人员长期固定不变，就会缺乏新鲜感和活力，容易养成惰性，缺乏竞争力。只有外面有压力，存在竞争气氛，员工才会有紧迫感，才能激发进取心，企业才有活力。"本田深表赞同，他决定去找一些外来的"鲇鱼"加入公司的员工队伍，制造一种紧张气氛，发挥"鲇鱼效应"。

说到做到，本田马上着手进行人事方面的改革，特别是销售部经理的观念离公司的精神相距太远，而且他的守旧思想已经严重影响了他的下属。必须找一条"鲇鱼"来，尽早打破销售部只会维持现状的沉闷气氛，否则，公司的发展将会受到严重影响。经过周密的计划和努力，本田终于把松和公司销售部副经理，年仅35岁的武太郎挖了过来。

武太郎接任本田公司销售部经理后，首先制定了本田公司的营销法则。对原有市场进行了分类研究，制定了开拓新市场的详细计划和明确的奖惩办法，并把销售部的组织结构进行了调整，使其符合现代市场的要求。上任一段时间后，武太郎凭着自己丰富的市场营销经验和过人的学识，以及惊人的毅力和工作热情，得到了销售部全体员工的好评。员工的工作热情被极大地调动起来，活力大为增强，公司的销售业绩出现了转机，月销售额直线上升，公司在欧美及亚洲市场的知名度不断得到提高。

本田对武太郎上任以来的工作表现非常满意，这不仅在于他的工作表现，而且销售部作为企业的龙头部门带动了其他部门经理人员的工作热情和活力。本田深为自己有效地利用"鲇鱼效应"的作用而得意。

从此，本田公司每年重点从外部"中途聘用"一些精干利索、思维敏捷的30岁左右的主力军，有时甚至聘请常务董事一级的"大鲇鱼"，这样一来，公司上下的"沙丁鱼"们都有了触电似的感觉。

可见，"鲇鱼式"人物的加盟，会使团队内部形成竞争向上的气氛，原来平静、沉闷的组织，便充满了生机和活力。

这种"鲇鱼效应"对团队其他成员的刺激可以说是非常奏效的。如果你也想通过这种办法激活自己的团队，就先要认识一下"鲇鱼"的特点，然后才能选对人，并取得预想的理想化效果。

一般来说，"鲇鱼式"人物具有以下几个特征：

第一，独立性：他们倾向于采取与众不同的观点与行动，在行动中不喜欢他人的过多干涉与关心，并按照独立的思路去解决问题。

第二，冲动性：他们常常表现出精力旺盛、才华横溢的状态，且具有很强的工作欲望。

第三，冒险性：好奇的愿望与对新经验的欲望、对成就的欲望常促使他们向未来、向未知的世界主动挑战。

第四，灵活性：他们具有容易适应环境变化的能力，具有容易接受新事物、新观点的倾向。他们性格开朗，心态开放，爱好广泛，能接受各种价值观念，善于从失败和错误中学习。

第五，自发性：他们具有一种按自己意志积极行动的倾向。他们思想活跃，行动积极，努力实现自己的创造活动。

要想让团队充满活力，就需要一定数量的"鲇鱼式"人物。因此，作为领导者来说，要了解这类人物的特点，用好这类人物，从而达到人适其职、职得其人、人尽其才、才尽其用的理想境界。

当然，"鲇鱼效应"的应用并不是无条件的，引进的"鲇鱼"也不是越多越好。

很多领导者在用人时都懂得"鲇鱼效应"，但有一些领导者却误认为只要引进这类人才，就能实现"引进一个，带动一片"的人才效益。殊不知，"鲇鱼效应"是有条件的，是要经过科学评估与运作的。如果不能将"鲇鱼效应"放在整个人力资源开发之中全盘去考虑，就会适得其反，酿成"鲇鱼负效应"。发挥"鲇鱼效应"的关键是，能准确地判断你的下属是否安分守己，不思进取。如果恰恰相反，你所在的部门内有一个或几个生龙活虎，锐意进取的员工，本身就有一个良好的"鲇鱼效应"，这时你仍然我行我素地坚持引进"鲇鱼"，就有可能发生"能人扎堆"，内部起哄，人力资源管理效率低下的情况。

另外，当一个公司出现职位空缺时，企业可以优先考虑公司内部的"鲇鱼"式员工。公司应为每个员工建立一个发展计划，在适当的时机给优秀员工提供发展空间和机会；同时可树立榜样，让员工知道公司关心他们个人的成长和发展，有利于营造良好的企业文化；再者可以节省公司的人力资源成本，避免出现比拼高价收购人才的现象。

谨防恶性竞争蠢蠢欲动

不可否认，竞争确有负面的影响，尤其在团队成员素质较差时，可能会出现一种无序的恶性竞争或不良竞争，影响团队的发展。但竞争的好处是显而易见的，利大于弊。身为一名领导者，要引导良性竞争从而达到激励下属的目标，就更需要付出时间与精力。

每个人对美好的事物都有羡慕之心。这种羡慕之心来源于对别人拥有而自己没有的好的东西的向往。关系亲密的人，这种羡慕之心尤为显著。员工可能会对同事上调为经理羡慕不已，这种情感有时会因为某种关系的确定而消失，例如：由恋人而变成夫妻，对方的长处就会被另一方共同拥有，此时这种羡慕的想法就会消失，而当这种关系亲密的人的角色不能转换时，羡慕之情就会一直维持下去。比如说大家抬头不见低头见，工作上又相互较劲的同事之间。一般来说，越是亲近，越是熟悉的人之间越是容易产生羡慕之情。女人往往比男人更容易产生羡慕之心。

有的人羡慕别人的长处，就会鞭策自己，努力工作、刻苦学习，赶超对方。这种人会把羡慕渴求的心理转化为学习、工作的动力，通过与同事的竞争来缩短彼此能力的差距。这种良性竞争对部门有着很大的好处，它能促使部门内的员工之间形成你追我赶的学习、工作气氛，每个人都积极思索着如何提高自己的能力，掌握更多的技能，从而取得更大的成就。这样一来，整个部门的整体水平就会不断地提高，充满生机与活力。

但并不是所有人都明白"临渊羡鱼，不如退而织网"的道理，有一些人会把羡慕别人的心情转化成阴暗的嫉妒心理。他们想的是如何给别人脚下使绊，如何诬蔑能人，搞臭他们的名声，如何阻碍同事按时完成工作任务等。他们的办法就是通过拖先进者的后腿来让大家都扯平，以掩饰自己的无能。这种行为会导致团队内部的恶性竞争。它会使团队全体成员人心惶惶，人与人之间戒心强烈，大家都提高警惕防止被别人算计。

这样一来，下属们的大部分精力和心思都用来对付这些琐事，哪里有心情做好工作？另外，领导者也会被如潮涌来的相互揭发、投诉和抱怨缠得喘不过气来。长此以往，团队的业绩能不下降吗？

在这样的团队里，大家互相拆台，工作不能顺利完成，谁也不敢冒尖，因为"枪打出头鸟"。人人都活得很累，团队还怎么发展？

领导者是团队的核心与希望，你一定要留心团队的气氛，积极引导良性竞争，采取措施防止恶性竞争的出现。你可以参考以下几种技巧：

1. 保证机会均等是公平竞争的第一步。优秀的团队应当是民主的团队，民主的第一层含义就是平等。因此，民主的团队应当为每个人提供均等的发展机会，如果连起码的公平都保证不了的话，那么公正就无从谈起。现在，许多公司都已意识到公正、公平的重要性，因此采用能力来决定酬劳。也许如此可更正以往的不公平待遇，打开用人之门。

2. 创建正确完善的业绩评估机制。以实际业绩为根据来评价下属的能力，不可根据其他人的意见或是你自己的好恶来评价下属的业绩。评判的标准要尽量客观，少用主观臆断。

3. 创建公开的沟通交流体系。让大家多接触、多交流。有话当面说，直接表达自己心中的想法。不鼓励下属搞小动作，不理各类小报告。作为领导者，切不可听信个别下属的片面之词，形成对另一些下属的片面看法。要坚信"兼听则明，偏信则暗"的原则，坚决抵制各类攻击人的小报告。

4. 要时常提醒下属："可以向竞争对手正面挑战，但不要把对方当作仇敌。"从古至今的竞争原理都是和气生财，要把竞争对手的存在，当作是促进自己努力工作的动力。同一团队内部的竞争对手更应当协调一致，共同进步。领导者要用正确的竞争规则教育下属。

5. 严惩攻击同事、破坏团队正常秩序的人。团队就好比一部大机器，每个团队成员都是机器的一个组成部分。领导者的职责就是激励这台大机器上的各个部分，即引导下属们进行良性竞争，让大家心往一处想，力往一处使。只有这样，团队这台大机器才能越转越好！

让骨干人物发挥出最大效用

每个领导者手下都要有些骨干，来替自己顶大梁。如何调动呵护业务骨干的积极性是领导者必须具备的一种手段，领导者要巧妙地利用各种方法手段，来刺激业务骨干的积极性。否则，事倍功半，缺乏成效，还会使彼此之间关系恶化。

对于领导者来说，所用之人如能全力以赴，完成工作任务，甚至激发无限潜力，一个人能干三个人的活儿，是最理想不过的了。这不是不可能做到的，只要你善于激励，充分调动起业务骨干的热情和干劲，便能做到这一步。激发"尖兵"的积极性，手段多种多样：

1. 工作激励。工作激励主要指工作的丰富化。工作丰富化之所以能起到激励作用，是因为它可以使"尖兵"的潜能得到更大的发挥。工作丰富化的主要形式有以下三种：

一是在工作中扩展个人成就，增加表彰机会，加入更多必须负责任和具有挑战性的活动，提供个人晋升或成长的机会。

二是让"尖兵"执行更加有趣而困难的工作，这可让"尖兵"在做好日常工作的同时，学着做更难做的工作。可以鼓励业务骨干上夜校去提高自己的技能，从而能胜任更重要的工作。做更困难的工作，给他展示本领的机会，这会增强他的才能，使他成为一个有价值的"尖兵"。如果一位"尖兵"在工作中不断得到发展，那么他往往是一位奋发、愉快的下属，其创造力、聪明才智会得到充分发挥。

三是给予真诚的表扬。当"尖兵"的工作完成得很出色时，要恰如其分地给予真诚的表扬，不要笼统地用"谢谢你做出了努力"这样的评语，而应具体、有针对性，"你管你那帮人的方法真妙，我真不明白你怎么能让那帮人干得这么出色，接着好好干吧！"这将有助于满足"尖兵"受人尊重的需要，增加干好本职工作的自信心。

2. 工资激励。所有"尖兵"都希望自己能从工作中获得满足。工资待遇是满足其生存需要的重要手段。有了工资收入，不仅感到生活有保障，而且又是社会地位、角色定位和个人成就的象征，具有重要的心理意义。

3. 奖金激励。奖金是超额劳动的报酬，设立奖金是为了激励"尖兵"超额劳动的积极性。在发挥奖金激励作用的实际操作中，应注意以下三点：一是必须信守诺言，不能失信于"尖兵"。失信一次，会造成千百次重新激励的困难；二是不能搞平均主义。奖金激励一定要使工作表现最好的"尖兵"成为最满意的人，这样会使其他人明白奖金的实际意义；三是使奖金的增长与公司的发展紧密相连，让"尖兵"体会到，只有公司兴旺发达，才有自己奖金的不断提高，而"尖兵"的这种认识会收到同舟共济的效果。

4. 竞争激励。人们总有一种在竞争中成为优胜者的心理。组织各种形式的竞争比赛，可以激发人们的热情。比如，各技术工种之间的操作表演赛，各种考察业务骨干个人的技能、智能、专长的比赛，以及围绕业务骨干的学习、工作等开展的各项竞争比赛。这些竞争比赛，对业务骨干个体的发展有较大的激励作用，其表现在两方面：①能充分调动业务骨干个体的积极性，克服依赖心理。由于竞争以个体为单位，胜负完全取决于自己的努力和聪明才智，没有产生依赖心理的条件，因此，能激励业务骨干个人更加努力；②能充分发挥"尖兵"个体的聪明才智，促使"尖兵"个体充分发展。"尖兵"在竞争过程中，要完成各种任务，克服各种困难，这就促使他们努力学习、思考，千方百计地去提高和完善自己。

5. 强化激励。强化包括正强化和负强化两种方式。对于人们的某种行为给予肯定和奖赏，使这个行为巩固与保持，这就叫正强化。对

"尖兵"正确的行为、有成绩的工作，就应表扬和奖励，表扬与奖励就是正强化。相反，对一些行为给予否定和惩罚，使它减弱、消退，这叫负强化。强化激励，可归纳为如下四字口诀：

奖罚有据，力戒平均；

目标明确，小步渐进；

标准合理，奖惩适量；

投其所好，有的放矢；

混合运用，奖励为主；

趁热打铁，反馈及时；

一视同仁，公允不偏；

言而有信，诺比千金。

6. 支持激励。在公司的人们可以明显地感觉到，对一个职工来说"我批准你怎样做"与"我支持你怎样去做"，两者的效果是不同的。一个好的公司领导者，应善于启发"尖兵"自己出主意、想办法，善于支持"尖兵"的创造性建议，善于集中"尖兵"的智慧，把"尖兵"头脑中蕴藏的聪明才智挖掘出来，使人人开动脑筋，勇于创造。领导者要爱护"尖兵"的进取精神和独特见解，爱护他们的积极性和创造性。创造一种宽松的环境，比如信任"尖兵"，让他们参与管理，没有什么能比参与做出一项决定更有助于满足人们对社交和受人尊重的需要。因此，出色的领导者，应让"尖兵"参与制定目标和标准，这样他们会更加努力，发挥出最大潜能。

7. 关怀激励。得到关心和爱护，是人的精神需要。它可以沟通人们的心灵，增进人们的感情，激励人们奋发向上，挖掘人们的潜力。作为一个领导者，对全体员工应关怀备至，创造一个和睦、友爱、温馨的环境。领导者和下属生活在团结友爱的集体里，相互关心、理解、尊重，会产生兴奋、愉快的感情，有利于开展工作。

总之，激励的具体手段可以不拘一格，重要的是，要明白"拉"的目的和意义，拿捏好"拉"的分寸，这样，就能以四两之力拨动千钧，把一个个能力超强的骨干人才管得服服帖帖。

赞美是低本高效的奖励

有一个厨师擅长做烤鸭，然而他的经理却吝于给他一句赞美，这让厨师感到很难过。有一天，一个客人发现烤鸭只有一条腿，就向经理投诉。经理很生气地让厨师解释是怎么回事，厨师笑着说："咱们养的鸭子本来就是一条腿啊！"经理自然不信，两人一起来到后院，只见鸭子都趴在地上休息，只有一条腿露在外面，经理一拍巴掌，鸭子吓得连忙跑了！经理生气地说："它们不都有两条腿吗？"厨师很镇静："经理，那是因为你鼓掌，它们才露出另一条腿的！"这时经理才明白厨师的意思。

故事告诉我们，每个人都需要赞美、需要精神鼓励，一个人在完成工作后总希望尽快了解自己工作的结果、质量、社会反馈，如果受到的是积极肯定，那他工作起来就会更有信心。

同时，下属们也需要通过尽快地了解反馈信息，对自己的行为进行调节。巩固、发扬好的方面，克服、避免不好的方面。如果反馈不及时，时过境迁，这时的赞美就没有太大的作用了。

精明的领导应善于用赞美去激励下属，使下属为我所用，无论从哪方面讲，赞美都可以称得上是花费最小、收益最大的管理技术，所以，如果可以的话，多多赞美你的下属，你会发现自己会因此而受到更多爱戴。

一般说，高层次的需求我们是难以满足的，而赞美之辞，部分地给予了满足。这是一种有效的内在性激励，可以令人激发和保持行动的主动性和积极性。当然，作为鼓励手段，它应该与物质奖励结合起来。行为科学的研究指出，物质鼓励的作用，将随着使用的时间而递减，特别是在收入水平提高的情况下，更是如此。

有一个金香蕉的故事颇能给人以启示。在福克斯波罗公司的早期，急需一项性命攸关的技术改造。有一天深夜，一位科学家拿了一台确实能解决问题的原型机，闯进了总裁的办公室。总裁看到这个主意非常巧妙，简直难以置信，便思考该怎样给予奖励。他把办公桌的大多数抽屉都翻遍了，总算找到了一样东西，于是躬身对那位科学家说："这个给你！"他手上拿的竟是一只香蕉，却是他当时能拿得出的唯一奖励了。

自此以后，香蕉演化成小小的"金香蕉"——别开生面的别针，以此作为该公司对科学成就的最高奖赏，由此看出美国福克斯波罗公司对及时赞美的重视。

其实，领导者在面对下属时，不仅是重大的科技成果要及时予以奖励，就是对下属的点滴微小成绩，也应引起重视，及时加以鼓励。美国惠普公司的市场经理，一次为了及时表示酬谢，竟把几磅袋装果子送给一位推销员，以鼓励他的成绩。另外一家公司的一位"一分钟经理"，提倡"一分钟表扬"。即"下属做对了，上司马上会表扬，而且很明确地指出做对了什么，这使人们感到经理为你取得的成绩而高兴，与你站在一条战线上分享成功的喜悦。一共花一分钟时间"。这位经理的经验是，帮助别人产生好情绪是做好工作的关键。正是在这种动机的指导下，他实行了"一分钟表扬"。这样做有三重意义：一就是表扬要及时；二是表扬准确无误，不是含含糊糊；三是与部下同享成功的喜悦。

在这里需要提醒大家一下，有些人喜欢不动声色地观察下属的成绩，加以"储存"，然后在适当时候才找出来"提一提"或奖励一下，事实上这样做并不好，这样做的效果已经减弱大半。正确的方法是，我们应该接受"金香蕉"的启示，像"一分钟经理"那样，及时赞美。

正确使用赞美才有正面效果

1921 年，当查尔斯·史考伯成为美国钢铁公司的第一任总裁时，他就得到了 100 万美元的年薪，钢铁大王卡耐基为什么肯给他如此高薪？史考伯说，他得到这么多的薪水，主要是因为他跟人相处的本领。"我认为，我那能把下属鼓舞起来的能力，是我拥有的最大资产，而使一个人发挥最大能力的方法，就是赞赏和鼓励！"他说："再没有比上司的批评更能抹杀一个人的雄心了。我从来不批评任何人。我赞成鼓励别人工作，因此我急于称赞，讨厌挑错。如果我喜欢什么的话，就是我诚于嘉许，宽于称道。"

领导者理应如此，我们应当找出下属的优点，给他们诚实而真挚的赞美。他们必定会咀嚼你的话语，把它们视为珍宝，一辈子都在重述它们——即使你忘了他们之后，也许他们还在重复着。所以请记住这条原则：热情、真心地赞美下属、欣赏下属是管好下属的妙招。

年利润 10 亿美元的美国玛丽·凯化妆品公司经理玛丽·凯说过："有两件东西比金钱更为人们所需要——认可和赞美。"金钱可能是调动下属积极性的有力工具，但赞美可能更有力，因为它唤起了下属的荣誉感、责任感和自尊心，下属的价值得到了认可和重视，会产生"士为知己者死"的神圣感情，他们会更加努力地工作，然而它的"成本"却十分"低廉"，所以说赞美不但是一种最好的，而且是花费最少、收益最大的管人方法。

实际上，每个人都渴望得到别人的认可和赞美，无论是身居高位的人，还是地位卑微的人；无论是刚进公司的年轻人，还是即将退休的老员工，概莫能外。人们普遍地容易接受那些赞美他们优点的人。

适当的称赞不但令下属获得"尊重的需要"，而且能够提高下属的工作意愿。但是，什么样的称赞不适当？什么样的称赞才算是适当？换句话说，什么样的称赞才能形成激励的效果呢？

首先我们来看那些激励效果不好的称赞，看看这些称赞都有什么漏洞。

1. 空泛而不着边际的称赞。例如："老张，你的工作表现好极了！"这类抽象式的称赞因为没有什么实质意义，所以很难产生激励的效果。

2. 不附加理由之称赞。上一实例中领导者只称赞下属工作表现极好，而不进一步说明它之所以值得称赞的原因，这一类称赞可能令下属觉得领导者言不由衷。

3. 对人而不对事的称赞。例如："你真是一位天才演说家。"这种对人的本身所加以的称赞，往往因其夸张，而容易让被称赞者感到恶心或肉麻。

4. 针对期望中的工作表现或工作绩效而加以的称赞。倘若领导者只对期望中的工作表现或工作绩效加以称赞，则可能令下属误以为领导者所真正要求的工作水平，较期望中的工作水平为低。

5. "三明治"式的称赞，即"称赞 | 批评 | 称赞"，通常不会产生良好的激励效果。为了让下属较容易接受批评，许多领导者在批评之前往往先对下属施以称赞。而且为了避免因批评而产生不良情绪，他们在批评之后又对下属施以称赞。这种方式之称赞，可能令下属怀疑领导者称赞的居心不良。

6. 当下属觉得称赞只不过是为促使他们加倍努力的一种手段时，这种称赞将大大地丧失激励作用，因为在下属心目中，这种称赞只不过是一种"软性的鞭策"，而非真心的表扬。

7. 只当自己的上司在场时，才对下属加以称赞。这种称赞很容易被下属视为别有用意。

8. 值得称赞事迹的发生时间与称赞时间，其间的差距越大，则称赞的激励效果越小。

下面我们来看看激励效果较好的称赞。

1. 具体的与特定的称赞。例如："老张，今天上午你对前来投诉的顾客，处理方式实在极为得体。"这类具体兼特定式的称赞，使被称赞者极易接受。

2. 附加理由之称赞。上一实例中领导者若能继续以："我之所以认为你的处理方式极为得体，是因为你极具耐性地接纳投诉、委婉地解释补救措施，以及征询顾客的意见。"之类的话语作为称赞的理由，则下属将因此而体会领导者的诚意。

3. 对事而不对人的称赞。例如："你今天所选择的演说题目，正是听众所感兴趣的。"或是："你在今天的演说中，对维护工业安全的主张颇为中肯。"这种对事所加的称赞较具客观性，因此也较易令被称赞者欣然接纳。

4. 只针对杰出的工作表现或绩效才施以称赞。这种杰出的工作表现或工作绩效，显然要较期望中的工作表现或工作绩效优越，因此针对杰出的表现或绩效施以称赞，将令被称赞者获得更大的成就感。

5. 不夹杂批评的称赞较为可信，且较具激励效果。

6. 纯粹因为值得称赞而施以的称赞，被称赞者最乐于接受，因为这种称赞是不附带条件的。

7. 在值得称赞的时间即施以称赞，而不处心积虑的选择场合，这样的称赞较得人心。

8. 实时称赞的效果较佳，这与"趁热打铁"的道理是一样的。

通过以上的对比，领导者应该了解了不同称赞所带来的不同激励效果。在日常的管理中，称赞不能随意，一定要以产生效果为目的，切实让下属感受到来自我们的肯定。

用良性压力驱使下属更努力

对待自觉性比较差的员工，一味地为他创造良好的软环境、去帮助他，并不一定就会起到好作用。偶尔用用你的权威，给他一点"压迫"，这有助于及时制止他们消极散漫的心态，激发他们发挥出自身的潜力。

伯乐在集市上选了一匹青鬃马。他说："只要经过训练，这匹马一定可以成为千里马。"可是，一个月过去了，又一个月过去了。无论伯乐采取什么办法，青鬃马的成绩始终不理想。每日的奔跑距离，总是在900里左右徘徊。伯乐对青鬃马说："伙计，你得用功啊！再这样下去，你会被淘汰的！"青鬃马愁眉苦脸地说："没法子啊，我已经尽最大的努力了。"伯乐问："真的吗？"青鬃马说："真的，我把吃奶的劲儿都使出来了。"

新的一天的训练开始了。青鬃马刚起跑，突然背后响起一声惊雷般的吼叫。青鬃马扭头一看，一头雄狮旋风般向它扑来。青鬃马大吃一惊，撒开四蹄，没命地狂奔起来。

晚上，青鬃马气喘吁吁地回到伯乐身边说，"好险！今天差点喂了狮子！"伯乐笑道，"可是，你今天跑了1050里！""什么？我今天跑了1050里？"青鬃马望着伯乐，伯乐脸上挂着神秘的笑容。青鬃马心中豁然一亮。从此，它一上训练场，就设想有一头狮子在后面追。后来，它果然成了一匹千里马。

适当的紧迫感，对人的工作效率起着一种积极的激励作用。那么，如何让下属产生紧迫感呢？一个似乎有点笨但绝对有效的做法是，制造一定的压力，或尽量把自己所承受的来自市场的或来自上级的压力传达到每一个下属身上。

我们知道，适度的压力能够提高工作效率，譬如，运动员打破纪录总是在具有压力的比赛之中。但过度的压力也会影响工作效率，问题频繁出现，譬如焦虑、失眠、烦躁。

在其他的刺激程度下，包括高于和低于最佳水平，业绩都会产生恶化。两者关系的基本原理是当一个个体经历一种低水平的压力时，他或她没有被激发活力并且不能明显地改进其业绩；当个体经历过高水平的压力时，他或她可能会花费更多的时间和其他的智谋用于对付压力，并且投入较少的努力用于完成任务，从而导致业绩相当的低；适度的压力在工作业绩中能激发个人的活力和投入最大的能量。因此，压力对工作效率的影响要一分为二地去看待。

良性的压力会驱使人们工作更努力，把事情做得更好。人需要有一定的压力，才会更努力，工作才能更有效率，而且这些压力必须适当、适量。负面压力或压力过重会有不良影响，引起生理和心理上的病症，同时，还有可能会导致行为改变，如酗酒或服用镇静剂。

当一个人承担不了所受的压力时，通常会出现以下症状或信号：在生理方面，会感觉头痛、恶心或呕吐、掌心冰冷或出汗；在情绪方面，脾气会变得急躁、忧虑、容易发怒、紧张；在行为方面，会出现失眠、过度吸烟、喝酒、拖延事情、迟到缺勤、停止娱乐、厌食；在精神方面，会出现记忆力下降、注意力不集中，持续性对自己及周围环境持消极态度，优柔寡断等。

领导者应及时关注下属身上的种种信号，综合考察各方面的压力源，若发现确实存在过度压力，则应采取压力管理。

进行压力管理，可以分成两部分：第一是针对压力源造成的问题本身去处理；第二是处理压力所造成的反应，即情绪、行为及生理等方面的纾解。

要让下属受到的压力变为前进的动力，而不至于变成摧残身心的凶手，领导者必须提供一个最具创造力、最有生产力、最充满挑战的环境。

让压力变成动力，而同时也要保护下属的身心健康，这是针对压力源进行的弹性管理。领导者还应该对压力所造成的反应进行纾解，因为无论问题的结果如何处理，处理过程所产生的压力对身心都会造成明显的反应。因此，如何处理身心的反应，也是压力管理相当重要的一环。

压力管理正日益受到管理界和社会的关注，下属压力管理有利于减轻下属过重的心理压力，保持适度的、最佳的压力，从而使下属提高工作效率，进而提高整个组织的运转效率，增加利润。领导者关注下属的压力问题，能充分体现弹性管理和以人为本的理念，有利于构建良好的工作氛围，提高整个组织的竞争力。

紧迫感是人努力工作的催化剂，适度的压力是前进的动力，但过度的压力也会成为前进的阻碍。领导者必须把握好松与紧的尺度，并在实践中灵活运用，才能拥有一支身心健康、积极热情的队伍。

施压的方法很多，其中比较有效的有以下三种：

1. 为下属设置工作的最后期限

很多人在做事情时，有拖延的习惯，总认为，这事情现在不必着急，还可以再拖上一段时间。如果你的下属大都这样，你那个单位的工作效率就必然很差，所以，领导者必须要尽力消除这种现象。在所有的措施中，其中重要的一条是给下属的工作设置最后的期限。在交给下属工作任务之前，先预估他可以完成任务的时间。在交代任务的同时也交代最后完成的期限以及超过期限的惩罚。下属在有限的时间里，必然认认真真地工作，不敢懈怠，以便尽快地完成任务。

2. 让下属有一种紧张感

在高效率的组织里，所有的下属必然是忙而有序。为了提高你的组织的工作效率，领导者必须充分地调动每个人的积极性，使每个人忙碌起来，让下属都有一种压力感和紧张感。你要给所有的下属合理地布置任务，制定完成任务的各项指标。对于完不成任务的下属一定要采取相应的惩罚措施，否则，散漫的空气很快就会弥漫开来，使组织的工作效率大为降低。

3. 促进下属之间的竞争

每一个人都有自尊心和自信心，其潜在心里都希望"站在比别人更优越的地位上"或"自己被当成重要的人物"。从心理学上来说，这种潜在心理就是自我优越的欲望。有了这种欲望之后，人类才会努力成长，也就是说这种欲望是构成人类干劲的基本元素。

这种自我优越的欲望，在有特定的竞争对象存在时，其意识会特别鲜明。只要能利用这种心理，并设立一个敌手，让对方知道竞争对象的存在，就一定能成功地激发起每个人的干劲。

竞争意识是产生高效率的根源。一潭死水不可能激起浪花。试想，如果是员工没有竞争的意识，大家都数十年如一日地坐在那里安于现状，怎么能有所进步呢？要想提高工作效率，一定要唤醒员工的竞争意识，并使他们永远处于竞争状态，要他们在"比、学、赶、超"的过程中自愿为你奔跑。这样，你只需要做些辅助性的工作，就可以牢牢地控制员工们，为你们共同的事业一路狂奔。

有竞争才有压力，有压力才会有动力，有动力才会有活力。让员工永远处于竞争状态，能有效地激励员工追求上进，激发他们的学习动力，转移他们的兴奋点，从而使公司上下生机勃勃。这是一种重要的管人艺术，也是团队取得成功的关键。

CHAPTER 06

不可或缺的人情味
——温情管理，是整合人心的绝佳操作

　　有些领导者主张权力至上，他们在管理中冷面无情，完完全全冷血管理。此管理方式根本不可能令下属心服口服，在这种模式下打造的团队，关键时刻很容易出现人心背离、分崩离析的惨况。成功的领导者往往是富有人情味的，得益于此，他们才能将管理这盘棋下活。

做个善于把握情感的大师

在法国企业界流传着这样的一句话："爱你的员工吧，他会百倍地爱你的企业。"这句名言是任何一个领导者都应听取的箴言。团队最根本的要素是什么？是"人"。情绪、情感是人精神生活的核心成分，是人类所特有的，因此领导者应当重视对员工的情感管理。"无情未必真豪杰"，"大人常怀赤子心"。优秀的领导者首先是一个具有普通人类感情的人，同时又是一位善于把握人类情感的大师，情感与思想紧密相连。

情感管理就是说领导者要以情感为手段，最大限度地影响追随者的思想、感情乃至行为，激发出情感内部的巨大能量。为此，如果领导者仅仅依靠一些物质手段激励下属，而不着眼于下属的感情生活，那是远远不够的。管理在工作中应当体现出对于下属的尊重和关心，以下属为本，多点人情味，使下属真正感觉到领导者给予的温暖，从而去掉包袱，激发工作的积极性。比如关心照顾退休员工会使在岗员工安心工作，关心有困难的员工会使他们对企业更加忠诚，这也是做好员工思想工作的前提。只有上下同心，关心下属，才能形成团结向上共同进步的气氛。从某种意义来说，一个团队就是一个大家庭，而领导者就是这个大家庭的"家长"。

　　如何让下属全心全意地为自己做事的确是一门艺术。衣服就如同每个人的装甲，对外界保持着一种警诫。而如何脱掉这层装甲，困扰着许多的领导者。如北风一般的严酷，只会让下属更加警戒；而如太阳般的温暖，则会让他们丢掉所有的装甲，一心为你做事。

　　事情就是这样，你没法不相信，也没法不面对。领导者只有敞开胸怀，心平气和地以理服人，才能群策群力，集思广益，使自己所在单位的事业和自己的工作顺利发展。而且一团和气盈于心中，心中无一丝怨仇嗔怒，脸上笑口常开，你会感到前途一片光明，什么事情处理起来都会得心应手，迎刃而解。"大人不记小人过"，说起来容易做起来难。为了消除上下级之间的对立情绪，领导者有时需要委屈一下自己，设身处地了解对方的心理和想法，以"君子之心"度"小人之腹"。这对有缺点的下属来说，是最大的信任，只要你始终坚持这一原则，你必将赢得别人的尊敬。

　　举个例子说明一下：

　　日本某矿业公司的一位总裁年轻时，因为自己工作急于求成，遇事常急躁冲动，把事情办得很糟，结果被贬到基层矿山去担任一个矿的矿长。到职时，在欢迎酒会上，由于他一不善喝酒，二不善辞令，以致被老职员们认为是一个不讲人情的上司，年轻的职员和矿工们对他更是敬而远之。他在矿里一度很被动，工作开展不起来。

　　这样闷闷过了大半年后，在新年前夕，举办同乐会，大家要即兴表演节目。他这时在同乐会上唱了几句家乡戏，赢得了热烈的掌声。连他自己也没想到，那些一向对他敬而远之的部下们，会因此而对他表示如此的亲近和友好。此后他还在矿上成立了一个业余家乡戏团。

从此，他的部下非常愿意和他接近，有事都喜欢跟他谈。他也更加与部下贴心了，由过去令人望而生畏的人变成了可亲可敬的人。在矿上无论一件多难办的事，只要经他出面，困难就会迎刃而解，事情定能办成。由此这个矿的生产突飞猛进。因为他工作有能力，而且如此得人心，后来他荣升为这个公司的总裁。

他升为总裁后，有一次在下属某矿开现场会，全体矿工都出席了。会上大家都为本年度的好成绩而高兴，于是矿长助理提议大家在高度欢乐中散会。她想出一个办法，把一个副矿长抛到喷泉的池子中去，以此使大家的欢乐达到高潮，矿长同意这位小姐的提议，就和这位总裁打招呼，总裁表示这样做不妥，决定由他自己在水池中来一个旱鸭子游水。

总裁转向大家说，"我宣布大会最后一个项目就是助理小姐的建议：她叫我在泉水池中来一个旱鸭子戏水，我同意了，请各位先生注意了，我开始表演了。"于是他跳入池中，游起泳来，引得参加会议的几百人哄堂大笑……

事后矿长问他："那天你为什么亲自跳下水池，而不叫副矿长下去呢？"

总裁回答说："一般说来，让那些职位低的人出洋相，以博得众人的取笑，而职位高的人却高高在上，端着一副架子，使人敬畏，那是最不得人心的了。"总裁这些话唤醒了矿长，使他和总裁一样平时注意贴近部下，学到了办好企业的招数。

作为领导者，在下属面前，如果你认定了"我"是经理，"你"是工人，应当各尽其职。这样，下级就不可避免地要对这样的上司采取疏远态度，也要和他所代表的公司疏远。这样上级也就很难使下级尽力工作了。

管理，尤其是对人的管理，过多地强调了"约束"和"压制"，事实上这样的管理往往适得其反。聪明的领导者应该懂得了解下属的需要，然后满足他，从而让管理亲和于人，让领导者与下属心理距离拉近，让领导者与下属彼此间在无拘无束的交流中互相激发灵感、热情与信任。

1. 求同存异，缩短差距。平级之间、上下级之间或多或少都会存在"共同意识"，作为领导者，为了有效地说服同事或下属，应该敏锐地把握这种共同意识，以便求同存异，缩短与被劝说对象之间的心理差距，进而达到说服的目的。领导者要说服别人，就要设法缩短和别人之间的心理距离。而共同意识则能使激烈反对管理的人，不再和领导者意见相反了，而且会平心静气地听从领导者的劝说，这样，领导者就有了解释自己的观点，进而攻入别人之心的机会。

2. 推心置腹，动之以情。古人云；感人心者，莫先乎情。领导者的说服工作，在很大程度上，可以说是情感的征服。只有善于运用情感技巧，动之以情，以情感人，才能打动人心。感情是沟通的桥梁，要想说服别人，必须跨越这一座桥，才能到达对方的心里。领导者在劝说别人时，应推心置腹，动之以情，讲明利害关系，使对方感到领导者的劝告并不抱有任何个人目的，没有丝毫不良企图，而是真心实意地帮助被劝导者，为他的切身利益着想。白居易曾写过这样两句诗："功成理定何神速，速在推心置人腹。"今虽非古，情同此理。

美国著名企业家埃丝黛·劳德说过："员工是我最重要的财富。"

美国惠普公司创立人惠利特说："惠普公司的传统是设身处地为员工着想，尊重员工，并且肯定员工的个人成就。"该公司也是这么做的，在 20 世纪 70 年代经济萧条时期，他们坚持不裁员，上下一心渡过了难关。

对于领导者来说，对下属的关爱也是一种感情投资。就算是你的一句祝福话语、一声亲切的问候、一次有力的握手都将使他们终生难忘，甘愿为你抛头颅、洒热血。

在"人情"上下足功夫

所谓管理，说白了就是理顺人与人的对应关系，使领导者与被领导者之间达成和谐的统一。在这个过程中，你可以利用权利将对方"管"得规规矩矩、"理"得笔笔直直，但倘若你不懂得宽容，不会运用人情管理，就可能将下属的可塑性和创造力给压制乃至毁掉。打个比方，在日趋复杂的社会里，一个高级工程师未必能成为一个优秀的领导者。道理很简单，工程师面对的课题是一种专业的功夫，而企业领导则需要一种较为综合、全面的素质。领导的职责，就是要让企业这部机器最好地运转起来，要让"人"产生最大的效果。譬如说，我们应该为下属创造安全、和谐、愉悦、适合发展的工作环境，这也是领导者促发下属工作积极性的手段之一。

在这方面，德国汉高公司的做法就很值得我们借鉴：

众所周知，德国汉高公司是应用化学领域中的一面旗帜，它位列世界 500 强企业之一，在全球共设 330 余所分支机构，其分布范围覆盖全球 60 多个国家和地区。

"汉高"十分重视人性化管理，为提高下属的工作环境质量，公司专门为下属提供经过空调的清新空气，还有淋浴室，并且每天中午还为全体下属供应一顿丰富的午餐；为了让下属有安全感，建立了一大批高度保证安全的标准设施，专门部门负责，如医务部、工厂警卫等，公司还经常检查各种安全设施，日夜测量环境污染、水质问题、噪声等，每年免费为下属检查一次身体，所有的这些措施，都为公司的稳定发展起到了侧面推动作用。

毫无疑问，我们都希望自己的团队能够像汉高那样优秀，但也并不是每一名领导者都能把情感管理做好。情感管理是指立足于个人心理效用而实施的一种精神管理，所以用情管理，必须立足于下属的人性、人情方面。以情管理是领导者理性的表现，其中的玄机、奥妙，若即若离的感觉，不知不觉的失败或成功，并不是在很短的时间里就能揣摩透、运用好的。

针对于此，本书为大家提供了以下几点建议：

1. 培养人性价值观

耐心、和蔼是领导对待下属应有的态度。企业最高领导者要不断地培养和强化这种管理价值观。人是感情动物，地位再低的下属也渴望被尊重。即便你是再高的领导，若整天摆出一副居高临下的姿态，苛刻地对待比自己低的人，就会让他们失去为你工作的动力。上司的耐心、宽厚，会赢得下属的尊敬和忠心。"己所不欲，勿施于人"，这是管理上的金科玉律。当然，这并不等于领导随意迁就下属的过错。

2. 化挑剔为引导

作为领导，有时要充当师傅的角色，负有帮助下属进步的责任，指出他们工作中的错误，告诉他们如何改进。中国有些企业崇尚官僚主义，官大一级压死人，高一级领导往往对低一级领导过分挑剔、打压，只为显示自己的权威和地位。

这种领导作风只会有碍企业发展。你在自己领域的知识和经验可能会比许多下属丰富，所以，你的工作就是要教导好手下人并使之优秀起来，而不是整天去挑剔或显示他们如何的比不上你。成功的中国式领导能鼓励下属，而不是批评他们。

有些领导认为下属犯了错误，就无异于在自己的记录本上抹黑。因此，大多数下属犯了错误之后都会有准备受罚的心态。但优秀的企业领导认为，让下属学习和成长的最佳途径就是体验，这就意味着冒险和犯错误。倘若领导动辄就训人，试问谁敢去"体验"？

下属不去"体验"就难以提高自身的技术水平，就难以实现高效率的目标。让你的下属在没有任何监督的情况下尝试应用新技术或承担新任务，当然，是些小的或不太重要的项目。这样，即使有了点错误也不会使企业受损，又可以立即改正下属的错误之处。总之，领导不仅要有允许下属失败的豁达心态，还要善于发掘下属自己还未认识到的潜在能量。

3. 尽力改善工作条件

设备好坏对下属工作效率的影响很关键。当设备操作起来顺畅、合适，下属在愉快、舒适的环境中工作，效率当然会高。一般领导没有权力给下属涨工资，或额外发奖金，那么为下属提供必要、适当的设备，使工作有效进行，却是完全可以做到的。

4. 重视与下属的情感沟通

当下属对工作发出抱怨、牢骚时，领导者应认真听他们诉说。下属的抱怨除一部分是为了个人利益的，大多数情况下，他们是为了把工作尽可能干到最好。许多事实告诉我们，提供适当的设备或工作空间，产量将得到大幅度的增长，而且通常只用花一小笔投资。这种事即使你不能拍板，但作为领导也有不可推卸的报告和建议的责任，并要努力到直至解决问题。

被人重视的愿望来自我们内心深处。任何人都渴望引起别人的注意，不管他承认与否，他需要向人倾诉，他需要有人倾听，他有着热切被重视、受赏识的期望。

在传统的管理中，总是先讲究人情，把自己的亲戚放在最显赫的地位。这样的管理，可以说只有情而没有理。现代的企业要想求得发展，必须创造出公平合理的竞争环境，因此绝对不能再把传统的"人情"放在第一位。然而，任何事情都要一分为二地看待。人毕竟是有感情的动物，完全不讲究人情是不行的，这也是现代领导者所追求的以情管理的真谛。

人情只有运用得恰到好处，才能发挥其效用。情感管理用在工作努力、有贡献的下属身上，是一种爱护和精神激励，会产生出巨大的精神动力。经验证明，用微笑去鼓励远比严厉说教对下属的影响更大。在这种情况下，企业领导运用"人情"可以说是感情投资，可以换取更大的精神动力，从而创造出更多的财富。

如果"人情"用在不用功、不努力、作风散漫的下属身上，不仅是种浪费，甚至还会带来更严重的后果，使他更加没有责任感，更容易偷懒。对于这样的下属，你只有不客气地提出警告，施加压力或者干脆淘汰，才不会失策。这样做，并不是让你做一个冷酷无情的领导，只不过是用市场的标准来要求下属。

从细微处着手进行感情投资

从 1932 年，哈佛大学著名心理学家梅耶在霍桑工厂完成实验之后，生产中人际关系的因素就受到了广泛注意。随着对人的认知和管理理论的发展，靠简单的奖惩进行领导和管理的局限性越来越明显，更多的企业领导者开始重视加强自己与被领导者之间的情感联系。领导者们所做的这种旨在增进人际关系的努力，在现代商品经济的影响下，被冠上了一个颇有经济色彩的名词——感情投资。

感情投资实际上就是以情动人，不仅仅适合对君子，同样也适合对小人。尤其是做领导的人，若能运用好此术，不但能使小人改过，而且很可能会令小人为你出力效劳。所谓"精诚所至，金石为开"，真诚的情意能够令奸恶之人从善，能够化解人与人之间的隔阂。领导若是遇到虚伪狡诈的人，就应该用真诚的心意来打动他；若是遇到凶恶残暴的人，也要用温和的态度来感染他；如果碰到邪恶自私的人，就用道义节操来激励他。

以情动人，用真诚去感化他人不但能够使领导得到一颗心，更重要的是在旁观者看来，会觉得领导肚量宽广，有人情味，自然而然会对你产生敬意，也就会对你产生几分信赖，当然就会肯为你出心出力，帮助你成就事业。以情动人，要动真情。只有真挚的感情才能真正使人心动。尤其是作为领导对待下属，更需用真情才能起作用。

在竞争日益激烈，人与人之间的感情日益淡化的今天，情感已是领导者不可或缺的资源和财富。人是有情感的生灵，领导者适时的对下属进行感情投资，往往会收到春风化雨的奇妙效果。

某大公司的总经理，因一桩大生意赔了本，使公司蒙受了重大的损失。这个总经理非常自责，于是向董事会递交了辞呈。但董事会并没有批准他的辞呈。董事长握住了总经理的手，深情地说："我们已为你的学习交了这么多的学费，不希望你就这样走了，学了不要白学。"总经理立刻被感动得热泪盈眶，表示为了挽回自己的过失即使粉身碎骨也在所不惜。果然，在以后的工作中，总经理发奋图强，拼命苦干，为公司赚取了一笔又一笔的巨额利润。

感情投资比物质刺激更有效。领导者应该认识到，相对于始终有限的物质刺激来说，感情上的投入和所得到的回报是发自于内心的，是真诚的，也是无限的。

日本企业的很多领导者在这个方面都十分重视。很多日本企业的人力资源管理一个显著的特点就是注重人情味和感情投入，他们主张给予员工"家庭式"的情感抚慰。在《日本工业的秘密》一书中，作者总结日本企业高经济效益的原因时指出：日本的企业仿佛就是一个大家庭，甚至是一个娱乐场所。日本著名企业家岛川三部曾自豪地说："我经营管理的最大本领就是把工作家庭化和娱乐化。"而索尼公司董事长盛田昭夫也说："一个日本公司最主要的使命是培养它同雇员之间的关系，在公司创造一种家庭式情感，即经理人员和所有雇员同甘苦、共命运的情感。"

日本三多利公司董事长岛井信治郎对员工要求十分严格，部下们都十分敬畏他，但私下里他对部下的呵护，却像一个充满慈爱的父亲一样。有一次，岛井无意中听到店员抱怨说："我们的房间里有臭虫，害得我们睡不好觉！"于是夜半时分，店里员工都睡着后，他悄悄地拿着蜡烛，从房间柱子的裂缝里以及柜子间的空隙中抓臭虫。公司一名员工的父亲去世，他带着公司同仁前去致意，并亲自在签到处向前来拜祭的人一一磕头。事后这名员工回忆说："当时我感动不已，从那时起我就下定了决心，为了老板，即使牺牲性命也在所不惜。"

一般而言，领导者对下属进行感情投资，有很多种方式，其中最常见的就是语言的鼓励。

语言是打开人类心灵的窗户，也是人们之间进行交流和沟通的重要工具，更是进行感情投资的重要方式。以言语鼓励的方式对下属进行感情投资，在领导者来说不仅简便易行，而且具有独特的优势。

这是因为领导者与下属分别处于不同的位置，而且下属人数众多，如果某位下属能够得到领导者的言语鼓励，则在感情上会掀起波澜，心灵上受到震动。在大多数情况下，对于大多数下属来说，他们对领导者的要求其实并不高。只要能够得到领导者的承认，获得管理的言语鼓励，就很满足和高兴了。同时，他们也会因此而感到领导对自己是有感情的。

所以，领导者如果能够适时地给下属以言语的鼓励，就能拉近与下属间的距离，激发其干劲和热情。

此外，领导者对下属进行感情投资，重要的是"以小见大"，于细微处见精神，使下属感到自己确确实实被领导关心着、照顾着，在领导心中占有一席之地。

从细微之处入手进行感情投资，既方便又有效，还可以体现出领导者的细心和对下属的关心。实际上，真正能够取得重大突破、做出非凡业绩的下属，毕竟只是属于少数。而且，即使对这些少数而言，他们也不是总能够做到这一点的。更普遍的情况是，大家每天都在那里默默无闻地工作，而这种工作汇合起来后，便共同成就了领导者的事业。

因此领导者要注意从细微处着手，多关心、爱护、体贴、理解下属的每一项工作，每一点小小的进步。这样做，是加深领导者与下属之间心理联络的有效途径。比如，下属满怀心事，未必是因为工作不如意或身体不适，有可能是被外在因素影响的。例如至亲的病故、家庭纠纷、经济陷于困境、爱情问题等，都会使一个人的情况波动。作为领导者，应予以体谅，并就下属某方面的良好表现加以赞赏，使他觉得自己的遭遇并非那么糟。

所以，凡是卓越的领导者，都是善于对下属进行感情投资的。只有通过感情投资，才能使下属感到自己受到了上级的重视与关爱，感受到心灵的温暖，因而愿意踏实工作、尽己所能，充分发挥自己的潜在力量。

在小事上体现你的关心和爱护

领导者应善于以情攻心，要注意细节，从点滴做起，通过一些小事温暖下属的心，让下属在不经意间感受到我们真诚的关怀和无限的温暖。事实上你别把小事不当回事，小事足可以折射出一个领导者品质的整体风貌和管理艺术，你的下属会通过一些鸡毛蒜皮的小事，去衡量你、评判你的。

如果说在处理一些小事上，你做的效果不佳或不完美，就会被下属们轻视、讥笑。他们会认为像你这样连一点儿小事都不想做，或者连一点儿小事都做不成的领导者，又如何做得了大事情呢？你的信誉从此就会受到威胁。

所以说，我们首先得做一个有心之人，善于发掘小事后边的重大意义，这就要留心观察，细心思考。有一些小事，你作为领导者，必须努力去做到。如果我们能在许多看似平凡的时刻，勤于在细小的事情上与下属沟通感情，经常用"毛毛细雨"去灌溉他们的心灵，他们就会像禾苗一样生机勃勃、水水灵灵、茁壮成长，最终必然结出丰硕的果实。

正泰集团主要生产经营高低压电器、输变电设备、仪器仪表、建筑电器、通信设备和汽车电器等产品。集团综合实力在全国民营企业中一直名列前茅。正泰集团董事长南存辉认为："企业讲究以人为本，全员参保是企业凝聚人心的重要措施，是企业应尽的社会责任，关乎国运，惠及子孙，恩泽本人，有利于企业的发展。"于是，2001 年年末，作为民营企业的正泰集团，率先搞起了员工社会养老保险。这项工作被誉为正泰集团的"人心工程"。因为，在南存辉眼里，为员工做好社会保险工作，是一项吸引人、凝聚人、激励人和留住人的重要手段。到 2002 年底，正泰集团总部所属各公司参保人数已达 6000 多人，正泰集团为此支出了上千万元的资金。南存辉的估计是正确的，社保的推行，不仅体现了企业的关爱，稳定了员工的人心，激发了大家的热情，更重要的是，还推动了企业的发展。2002 年，正泰经济效益同比增长 39%，取得了可喜的成绩。

调动下属的积极性，激发他们的热情和干劲，领导者光会说一些漂亮话是不够的。配合实际行动，不失时机地显示你的关心和体贴，无疑是对下属的最高赞赏。事实上，小事往往是成就大事的基石，这两者之间是相互联系，相互影响，相辅相成的。作为领导者，要善于处理好这两方面的关系，使两者相得益彰。我们需要这样：

1. 记住下属的生日，在他生日时向他祝贺，现代人都习惯祝贺生日，生日这一天，一般都是家人或知心朋友在一起庆祝。聪明的领导者善于"见缝插针"，使自己成为庆祝的一员。有些领导者惯用此招，每次都能给下属留下难忘的印象。或许下属当时体味不出来，而一旦换了领导有了差异，他自然而然地会想到你。

给下属庆祝生日，可以发点奖金、买个蛋糕、请吃顿饭、甚至送一束花，效果都很好，乘机献上几句赞扬和助兴的话，更能起到锦上添花的效果。

2.下属住院时，亲自探望。设想一下：如果一位普通下属住院了，他的上司亲自去探望时，说："平时你在的时候感觉不出来你做了多少贡献，现在没有你在岗位上，就感觉工作没了头绪、慌了手脚。安心把病养好！"结果会怎样？这个人一定会大受感动，出院后定然十分卖力，为这个上司卖更大的力气。这不是很好吗？你去看望人家一下，绝对算不上掉架子。

遗憾的是，有些人就很不重视探望下属，其实下属此时是"身在曹营心在汉"，虽然住在医院里，却惦记着领导是否会来看看自己，如果领导不来，对他来讲简直是不亚于一次打击，不免会嘀咕："平时我干了好事他只会没心没肺地假装表扬一番，现在我死了他也不会放在心上，真是卸磨杀驴。没良心的家伙！"

3.关心下属的家庭和生活。家庭幸福和睦、生活宽松富裕无疑是下属干好工作的保障。如果下属家里出了事情，或者生活很拮据，领导者却视而不见，那么对下属再好的称赞也可能显得假惺惺的。

有一个文化公司，职员和领导者大部分都是单身汉或家在外地，就是这些人凭满腔热情和辛勤的努力把公司经营的红红火火。该公司的领导者很高兴也很满意，他们没有限于滔滔不绝、唾沫星飞的口头表扬，而是注意到职工们没有条件在家做饭，吃饭很不方便的困难，就自办了一个小食堂，解决了职工的后顾之忧。当职工们吃着公司小食堂美味的饭菜时，能不意识到这是管理为他们着想吗？能不感激领导者的爱护和关心吗？

4.抓住欢迎和送别的机会表达对下属的关心。调换下属是常常碰到的事情，粗心的朋友总认为不就是来个新手或走个老部下吗？来去自由，愿来就来，愿走就走。事实上，这种态度很不可取。

善于体贴和关心下属的领导者与口头上的"巨人"做法截然不同。当下属来报到上班的第一天，口头上的"巨人"也会过来招呼一下：

"小李，你是清华的高才生，来我们这里亏待不了你，好好把办公用具收拾一下准备上马！"

而聪明的领导者则会悄悄地把新下属的办公桌椅和其他用具收拾好，而后才说：

"小李，大家都很欢迎你来和我们同甘共苦，办公用品都给你准备齐全了，你看看还需要什么尽管提出来。"

同样的欢迎，一个空洞无物，华而不实；另一个却没有任何恭维之词，但领导者的欣赏早已落实在无声的行动上，孰高孰低一目了然。

下属调走也是一样，彼此相处已久，疙疙瘩瘩的事肯定不少，此时用语言表达领导者的挽留之情很不到位，也不恰当。而没走的下属又都在眼睁睁地看着要走的下属，心里不免想着或许自己也有这么一天，我们这些做领导者该怎样评价他呢？此时，领导者如果高明，不妨做一两件让对方满意的事情以表达惜别之情。

以自己的实际行动，不失时机地在一些小事上显示你的关心和体贴，无疑是对下属的最高赞赏，也是调动其积极性、激发职员的热情和干劲的绝佳手段。得到关心和爱护，是人的精神需要。它可沟通人们的心灵，增进人们的感情，激励人们奋发向上，挖掘人们的潜力。作为一个领导者，我们对下属理应关怀备至，创造一个和睦、友爱、温馨的环境。下属生活在团结友爱的集体里，相互关心、理解、尊重，会产生兴奋、愉快的感情，有利于开展工作。相反，如果下属生活在冷漠的环境里，就会产生孤独感和压抑感，情绪会低沉，积极性会受挫。孔老夫子提出的"仁"，主张的"施仁政"，强调国家的统治者要像爱护亲属一样地对待臣民，道理即在其中。著名军事家孙武则要求将帅一定要爱护士兵。他在《地形篇》中分析道："视卒如婴儿，故可以与之赴深溪；视卒如爱子，故可与之俱死。"如果将帅们能像对待自己的爱子一样对待士卒，就能取得士卒的信任，使之甘愿追随自己赴汤蹈火，这样的军队就无往而不胜。领导者若有如此做法，也将得到下属的信任，使之提高工作效率，以期达到工作目标。

给员工回到家里一样的感觉

一个高明的领导者，不仅善于使用下属，更善于通过为下属排忧解难来唤起他的内在工作热情——主动性、创造性，使其全身心投入工作。换而言之，关心下属，就是要像对待家人一样对待下属，给予下属家一般的感觉。

要知道，下属心里所看重的并不仅仅是钱，在他们看来，和谐的劳动包括方方面面。合理的薪酬自不必说，丰富的业余生活，优渥的住宿条件，积极的工作氛围，和睦的同事关系，公正的赏罚、激励制度等，都是自己是否留驻企业的重要评估依据。因而，在人力资源愈发紧张的情况下，领导者唯有以更平等、更仁爱的心态去面对职工，以情留人，方为上策。

PR 制衣公司共计有员工 1000 人左右，令人惊讶的是，这种规模的企业其员工年流动性竟然不足 10%。显然，这与公司领导的人性化管理是不可分割的。

众所周知，大多数制衣企业都不太"欢迎"男职员，而 PR 制衣则利用其子公司 PR 印染的优势，将男职员安排在印染厂，女职员留在制衣厂，如此一来，很多夫妻不用分开便可留在一家企业工作了。另外，企业又为夫妻均为在职员工的人员安排了 50 平方米的免费宿舍，同时又帮助他们解决子女的就学问题。这种人性化的策略，吸引了大批"打工家庭"。

每每春节返乡，PR 制衣为解决员工"一票难求"的问题，对员工相对集中的河南、江苏等地，会使用包车接送员工回家和返厂。而对于那些留厂过年的职工，企业领导每年都会亲自上宿舍慰问，为他们送上温馨的年货。

同时，PR 制衣还设立了困难职工抚恤、救助基金。如果在职员工遇到困难，按规定可以获得一定数额的补助。PR 制衣已创立十年有余，目前，企业有 65% 的员工是与厂同龄的老职工。

该企业领导坦言，有不少职工曾被挖过墙角，跳槽到其他制衣企业。但时隔不久便纷纷返回厂里。因为，那边的企业虽然工资给的高，但劳动额度相对沉重很多，而且也无法提供这么好的生活条件。

对于现代领导者而言，只会下命令是远远不够的，关心下属也是你的一门必修课。你肯定知道人们必须具备衣食住行等生活条件才能从事政治经济等活动。下属的生活状况如何，直接影响到他的思想活动、精神状态及工作效率。是故，我们需要在以下几方面做得恰到好处：

1. 提供舒适的工作环境

随着社会、经济结构的演变，员工对企业的要求越来越高。他们不再像以前那样只看重物质酬劳，还看重工作环境的舒适度等软性因素，他们对工作的整体满意度要求在提高。

但凡优秀的企业，通常能为员工提供优越、舒适的工作环境。因为他们懂得，优越的环境不仅使员工工作时身体感到舒适，还有助于激发他们的创造性和工作热情。更重要的是，当员工们在这种适合自己发展的环境中体会到企业所寄予的厚望时，就会更加努力进取，而这也可以用来解释优秀的企业之所以成为一流企业的原因所在。

2. 让员工说出心里话

企业的文化、管理制度等与员工的认知产生冲突时，虽然在领导者的要求下，员工能一定程度上接受，但并不代表他们就能完全坦然接受了。这时就要鼓励他们说出自己的想法——不管是否合理。让员工把话说出来是最好的解决矛盾的办法。如果员工心中有很多不满和怨气，领导者都不知道，长期下来就成为积怨，问题挤压得严重了就不好解决。所以，应该为他们开条"绿色通道"，使他们的想法第一时间反映上来。

比如，海尔集团有项措施是，给新来的每位员工都发一张"合理化建议卡"。员工有什么想法，无论制度、管理、工作、生活等任何方面都可以提出来。对合理化的建议，海尔会立即采纳并实行，对提出者还有一定的物质和精神奖励。而对不适用的建议也给予积极回应，因为这会让员工知道自己的想法已经被考虑过，他们会有被尊重的感觉，更敢于说出自己的心里话。

在新员工所提的建议与问题中，有的居然把"蚊帐的网眼太大"的问题都反映出来了，这也从一个侧面表现出海尔的工作相当到位。

3. 培养员工的归属感

员工敢于说真话是一大好事，但那也仅是发现问题的源头。接下来解决问题才是重要部分。如何帮助员工转变思想，让他们从观念上把问题当成自己的"家务事"，这就需要领导者培养员工的归属感，让新员工不把自己当"外人"。

外界传闻的海尔的管理及其严格，不近人情。实际上海尔的企业文化非常注重给员工创造归属感，管理也并非不人性化。它有句口号是："海尔人就是要创造感动"。

"人心齐，泰山移"，全体员工的同心协力、一致努力是企业能获得最终成功的有力保证。而要做到这一点，领导就要多关心员工的生活，对他们遇到的事业挫折、感情波折、病痛烦恼等"疑难病症"给予及时的"治疗"和疏导，建立起正常、良好、健康的人际关系、人我关系，从而赢得员工对企业的忠诚，增强员工对公司的归属感，使整个企业结成一个凝聚力很强的团体。

据研究发现，在缺乏激励的环境中，人才的潜力只能发挥出20% ～ 30%，即刚刚能保住饭碗；而在良好的激励环境中，同样的人却可以发挥潜力的80% ～ 90%。良好的激励能够最大限度地调动人的积极性和主动性，因此，领导必须从细节上关心下属，用你的心换取下属的忠诚。

抓住一切机会为下属雪中送炭

据说古时有个文人自感身世时，说出了一句名言：都来锦上添花，谁肯雪中送炭？确实，人们往往喜欢好上加好，却不愿意将目光放长远些，用"雪中送炭"的方式收买人心。诚然，"锦上添花"的事是不能不做的，但"雪中送炭"的事更要做，对部属尤其要如此。出于各种各样的原因，下属的生活偶尔会出现这样那样的困难。你也应该知道，这是一个收买人心的良机，这种雪中送炭，温暖下属心的机遇可不能让它从你的手中溜走！雪中送炭和锦上添花都是常用的收买人心的手段，虽然二者都是"给"，都是感情投资，但由于给的对象不同、东西不同、时机不同，效果也自然不同。两者相比，前者更好。因为：

1. 对给者来说，相对成本低。一篓"炭"的价钱比一篮"花"要低，如果是金枝玉花，花就更贵了。所以，雪中送炭要比锦上添花更划算。

2. 对被给者来说，相对价值高。这个相对价值，主要是实际效用大小的问题。炭对于雪中人来说，实际效用很大；而花对于锦上人来说，实际效用就小得多。

3. 对给受者双方来说，道义价值都高。锦上添花，有趋炎附势之嫌，道义价值是负的，对下属锦上添花谈不上负的道义价值，但并没有太大意义；雪中送炭，有扶危救困之名，得仁人义士之誉，道义价值之高，可想而知。

4. 受者对给者的回报高。雪中送炭的回报有多高？保守的估计，是投入一碗饭，回报一千金。

5. 给者对受者的约束力强。一旦一个人在雪中被人送了炭，他为送炭者无论回报多少东西，都不为多。你要他回报灵魂，他也没有办法。他如果不回报或不能按要求回报，就会背上不仁不义之名。

6. 可送的资源多，送的对象也多。雪中人多，锦上人少。送一个锦上人可以送一批雪中人，相反，搜刮一批雪中人，才能给锦上人添一朵花。所以，锦上添花的结果，是使雪中人雪上加霜，制造一大批苦大仇深、水深火热的人，呼吁拯救。

人们对雪中送炭的人总是怀有特殊的好感。雪中送炭、分忧解难的行为最易引起下属的感激之情，进而形成弥足珍贵的"鱼水"情。

美国钢铁大王卡耐基是世界上出名的大老板，他的突出特点之一，就是他很善于给员工雪中送炭。在他的回忆录中记载着他出道不久的这么一件事：一天，一个急得满嘴是泡的青年员工找到卡耐基，说妻子、女儿因家乡房屋拆迁而失去住所，想请假回家安排一下。因为当时人手较少，卡耐基不想马上准假，就以"个人的事再大也是小事，集体的事再小也是大事"这类的大道理来进行开导，鼓励他安心工作。不想一下子气哭了这位青年员工，青年员工愤愤地顶撞说："这在你们眼里是小事，可在我眼里是天大的事。我老婆孩子连个住所都没有。我能安心工作吗？"卡耐基在日记中写道："一番大实话深深震动了我。"他对"大事"和"小事"进行了很多辩证的思考后，立即去找那位青年员工，向他道歉又准了他的假，而且后来还为此事专程到他家里去慰问了一番。这位后来的钢铁大王当时也才23岁，他只是在替他父亲管理一些事务。他在回忆录上写的最后一句话是："这是别人给我在通向老板的道路上的第一课，也是刻骨铭心的一课。"

雪中送炭远胜锦上添花，领导者要想有效地关爱下属，就要抓住一切可以使用的机会给下属员工雪中送炭。我们需要这样做：

1. 平时注意"天气"，摸清哪里会"下雪"。我们应时常与下属谈心，关心他们的生活状况，对生活较为困难的下属的个人和家庭情况要心中有数，要随时了解下属的情况，要把握下属后顾之忧的核心所在，及时发现哪里有"雪"，以便寻找恰当的时机送出"炭"。

2. "送炭"时要一脸真诚。任何人都不喜欢别人虚心假意地对自己，下属也一样。如果他发现领导者"送炭"不过是想利用自己时，就算接受了"炭"，也不会产生感激心理。假如是这样的结果，那你的"炭"岂不是白白浪费了？因此，我们在"送炭"时必须一脸真诚，让当事人和所有周围的旁观者都觉得，你是实实在在、诚心诚意的，觉得你确实是在设身处地地为下属着想，真正地为下属排忧解难。

3. 要量力而行。我们对下属送炭要在力所能及的范围内进行，不要开出实现不了的空头支票。送出的"炭"可以是精神上的抚慰，也可以是物质上的救助，但要在领导者本人和团队财力所能承担的范围内进行。对于困难比较大的下属，要尽量发动大家集体帮助，必要时可以要求社会伸出援助之手。同时，我们还要处理好轻重缓急，要依据困难的程度给予照顾，不能"撒胡椒面"搞平均主义。

下属遇到困难或受到不公正的对待，需要你搭一把手的时候，作为领导者是装聋作哑还是挺身而出？装聋作哑则从此对于下属再也没有威望和魅力可言，挺身而出则需要承担一定的风险。但是无论如何，对于领导者而言，这都是"收买人心"的良好契机。如果我们拥有并用活了这种手段，不仅接受"炭"的人会感激不尽，还会感动其他的下属。这样，下属必然怀着感激和尊敬的心理，心甘情愿、死心塌地的追随我们。

以平等的态度对待每一个人

人是生而平等的，所以要以平等的态度对待每一个人。有的公司虽然薪酬不算很高，但他的员工却很少跳槽。因为公司领导认为：人是平等的，如果有高下之分，也是因为品德、能力而非职位。每个人因机会和遭遇不同而包装不同，但在人格上决无高下之分。而员工们十分珍视公司里平等的气氛，上司平等待人的态度使员工们都感到是在为自己工作。如此一来，公司的迅猛发展也就可想而知了。

世上没有万事皆能的人，也没有一无是处的人。尺有所短寸有所长，再"高贵"的人也有其致命的弱点，再"低贱"的人也有他人所难及之处。这个道理虽然人人都懂，但未必人人都能身体力行。

在企业中，下述现象屡见不鲜。领导者对一些下属倍加信任，视为心腹，对其他下属则处处设防，甚至让前者去监视后者。下属能谅解上司因经验不足而出现的失误，却无法容忍上司的不公正作风。如果亲一派、疏一派，厚一伙、薄一伙，"一个锅里做出两样饭"，势必导致团队内部怨气丛生、人心涣散。

所以，要想客观地对待下属，领导者不能与一部分或个别人过分亲密，而同时过分疏远另一方。在工作问题上，应该是一律公平看待，工作上一样支持，不要戴"有色眼镜"看人，更不能"看人下菜碟"。

下属一次成绩的取得绝不能成为他赚取私人感情的资本。你对某个下属的偏爱，会让其他下属为你们的这种亲密关系不知所措。一个个问号会在脑海中被肯定了又否定，否定了又肯定，在一段时间的折腾之后，他们与你和所喜爱的那位卜属的距离会越来越远。

由于待遇的不平等、机会享受的不公正（至少他们会认为是这样），团队的人际关系变得紧张了，下属们从你的偏爱中也学会了选取个人所好来加强个人的势力。结果，最糟糕的事情发生了，团队仿佛变成了四分五裂的散体，无数的小阵营使团队的这股绳结出了许多解不开的"死疙瘩"！

犯了错误的下属通常都有自知之明，他们在对自己行为检讨的同时也是懊恼不已。你对他们的归类，不仅使他们的信心又遭受了一次打击，而且，他们还会产生破罐破摔的消极情绪，并对你产生了极强的敌对抵触情绪，这显然是团队安定团结的一种巨大的潜在危险。

美国零售巨头沃尔玛公司的"顾客至上"原则可谓家喻户晓，但是，沃尔玛公司在奉行"顾客是上帝"的同时，也维护员工的利益，尊重员工的人格。因为无论是顾客，还是员工，人格上都是平等的。

他们认为，在员工与顾客发生冲突时，不要当着顾客的面批评员工。在把顾客心平气和地送走之后，要了解真实情况，准确判断是非。如确系员工的责任，当然要严肃处理，如责任确实不在员工，就要尽最大努力做好安抚工作。如去看望一下员工，给予适当的经济补偿等。

员工感到自己与顾客在领导眼里是平等的，领导是明辨是非的，天大的委屈也会消失。员工有了受尊重的感觉和安全感，工作就会受到鼓舞。

要成为出色的领导者，必须赢得下属的心，获得下属的依赖和支持。人是团队中第一宝贵因素，任何时候都不可缺少。钞票没有了可以赚回来，机器坏了可以修理，但如果失去了团队向心力，只怕千金也买不回来。

所以，消除你心中已有的成见吧，别让那几次失败的经历总萦绕在你的脑海中，使你总是怀疑别人改过自新、从失败中总结奋起的能力。坐下来，与失败的下属恳谈，帮助他们找到错误的原因，恢复他们的自信。你要在语言中充分表示出对他们仍然依赖，只要他们走出自我消极的误区，一样能为团队做出贡献，况且，失败的经历孕育着成功的希望。

当然，我们强调的"一碗水端平"，是指对待下属要一视同仁，然而这并不是说，你要对所有的下属进行绝对一样的管理。

团队是由不同类型的人物组成的"大家庭"，为了最有效率地进行管理，领导者需要了解那些为你工作的下属，而且要试着把他们看作独立的个体。即每个人都有各自的优缺点、喜爱以及专长，你还要了解需要做的都是些什么，然后再考虑哪个人能干些什么，谁愿意干，只有这样才能让下属为团队转动起来。

因此，领导者应该针对不同类型的下属采取不同的管理方式，一句话，就是"特殊情况特殊处理"。这是对"一碗水端平"原则的有益补充。

对下属一视同仁，公平合理，是领导者处理与下属关系的重要原则，也是赢得下属信任的重中之重。只有做到这一点之后，才能使针对不同下属的专门管理方式变得行之有效。

CHAPTER 07

威严，不容侵犯
——管理要有人性，也不能没有原则性

　　虽然人性化管理是应有之义，但这并不意味着领导者要一味迎合下属，带领下属和团队要同时具备威严感和亲和力，这样才能使团队既团结又有执行力。在某些关键的地方，在一些关键场合，领导者必须要坚持原则，绝不姑息养奸。

宽仁不断，势必会姑息养奸

从前，永州这地方有一个好讲忌讳的人。因为他的生肖属鼠，就把老鼠看得像神仙一样。

他十分喜爱老鼠，家里从来不养猫和狗，也不准别人捕捉老鼠。于是，附近的老鼠成群结队地来到他的家中。他家中的各种器具全被老鼠咬坏，家中的一日三餐，也是吃老鼠嘴边剩下来的东西。

白天，一群群老鼠在屋中东窜西跑，见了人也丝毫不害怕；到了晚上，老鼠们更是互相斗殴，吱吱怪叫，弄得盆器倾侧，使人无法入睡。

然而，这位属鼠的主人对老鼠情有独钟，丝毫也不放在心上。

后来，这位属鼠的主人搬走了，另外搬来一户人家。老鼠们以为新的主人和旧主人一样，照旧一样活动。新主人看到这种情况，惊奇地说："想不到前屋主姑息养奸，把这些丑类纵容到如此猖獗的地步。"

于是，他借来了几只猫，又让家人堵洞灌水，消灭老鼠。几天之中，打死的老鼠堆得像小山丘一样。

这就是成语姑息养奸的由来。这个故事告诉我们，在管理中，如果我们宽仁不断，则必受其乱。所谓当取则取，当舍则舍，就是这个道理。

的确，人才是团队发展的基础，团队的发展和成就需要人才来创造。现代团队都提倡以人为本，提倡人性化管理。一般团队的管理制度，都会用合理的激励、赏罚措施去刺激团队成员的主观能动性，让他们自动自觉地去遵守团队的规章制度，主动去承担自己所应该担负的责任。这就要求领导者们必须真心热爱自己的下属，要像家长一样去呵护、帮助下属成长。其实，在一个团队里，大部分人都是积极上进的。但偶尔也会有个别品行、道德败坏的人存在。对这样的人，若一味姑息，放任自流，任其"作奸犯科"，只会造成无穷祸患。一个家庭中，溺爱之下多会出逆子，同理，一个团队里面，对品行不端的下属过度放纵，不但对其成长没有任何好处，有时甚至会引火烧身，殃及自己。所以，我们对待屡教不改的下属，绝不能姑息养奸，必须要采取相应的策略，加强管理，使整个团队沿着正确、健康的轨道发展。

毋庸置疑，多数领导者都希望自己的下属能够个个出色，都希望下属能够有好的发展，对于下属采取相应的惩戒措施，实属无奈之举。其实，对于领导者而言，惩罚并不是最好的解决办法，高明的领导者会将错误熄灭在初始阶段。这就要求我们：

1. 及时批评，防微杜渐。我们应当认识到，批评也是对下属的一种关心，如果下属犯了错，依旧听之任之，日积月累，下属就会在错误的道路上越走越远，而上层领导也会追究你的监管责任。所以，我们在平时应多与下属沟通，多注意观察下属的一举一动，一旦发现下属有犯错的苗头，就及时将其熄灭，一旦发现下属犯下错误，就及时批评，以免错误扩大化。

2. 讲究方式，对事不对人。毋庸置疑，批评倘若使用不当，势必会产生副作用——激起下属的逆反心理，造成上下级关系紧张。所以，我们在纠正下属错误之时，一定要尽量照顾下属的自尊心，批评时请务必秉持对事不对人的原则。

不可否认的是，作为领导者，我们需要具备宽容的特质，但宽容并不等于纵容。对下属错误的纵容，往往会令我们自食其果，这是管理工作中铁的教训。现代企业之所以一再强调"以人为本"，主要是为了在"人才竞争"中胜出，是故对于"人才"，领导者多是比较优待的。他们能够设身处地地为"人才"着想，尊重他们的人格，体察他们的性情，给他们尽情发挥能力的空间，这些是所有领导者都值得借鉴和学习的。但这绝不意味着，重视人才就要以情感代替原则，以理解来抵制制度，此举只能在下属犯错的道路上起到推波助澜的作用。

我们应该认识到，姑息养奸非但不能让下属受到感化，服服帖帖地接受管理，反而会让自己威信尽失、颜面扫地！

别让你的命令成为空喊的口号

命令是管人最常见的表现形式，它可以以口述的形式直接下达，也可以以文件的形式间接下达。"有令必行"是管理工作的通则；在团队管理中，我们也主张用商量或建议的方式下命令，但当下属不接受指示或者干脆把它当成耳旁风时，为了集体利益你可以直截了当地命令他，做到令出如山，以显示出你的领导威严。

有些人由于自恃有一定专长，或自知团队内很难找人替代他的工作，或者认为自己有背景等诸如此般原因，对你的指令充耳不闻。对于这些故意不听从命令的下属，应该适当给他一点颜色，否则，你很难开展工作。

遇到这种情况，首先要弄清楚该下属对团队的重要性，他的专长是否难以替代，他与客户的关系是否涉及私下的利益？假如他真的暂时无可替代，团队没有他会受到损失的话，最好私下找机会和他谈谈，了解一下他不听指挥的原因。了解到原因自然可以对症下药。如果常规的办法不能使他转变思想，听从指挥，最好安排适当的人选逐步接替他的工作。不过这个措施在时机未成熟前，最好别让他本人知道，你可以鼓励他休假，好趁机要他把工作交接给别人。同时，又可以升职为借口，要他培养一些接班人。必要时，可用几个人来分担他的工作，并联系客户。只要一切准备好，不妨立即把他解雇，尽量减少他对团队的坏影响，同时，向其他下属解释解雇他的原因，以起到告诫作用。基本的原则是，你不可轻易地对故意不听从指挥的下属妥协。

当你下达命令之后，可能还会有些人不是很听号令，他们或许是性情乖戾的人，或者是与你同时进企业的同事，也可能是比你年长的员工。这时，不管是什么人，你都必须毫不犹豫地拿他开刀，否则有令不行将成为一种习惯、风气。

同时，也要让下属明白，威严的命令是不能被打折扣的。作为领导者，如果想要在自己所选定的领域中获得高度的成功，就必须知道如何通过你的命令去指挥控制别人的行为。因为你不能一味地靠着蛮力强迫下属去做你让他们做的工作，你必须学会如何运用特殊的领导手段让他们心甘情愿地为你效力，使他们既尊重你又服从你。

在这个问题上有以下几点需要注意：

1. 保证发出的指令正确有效。领导者可以通过"号令"进行有效指挥。发出一个指令是容易的，但要正确且有效地发出指令则是困难的。管人的基本要求是发出的指令要正确，要能有效地执行。发出正确有效的指令，其要点是指令要明确、要相对稳定。只有发出的指令是明确清楚的，才能使下级对同一指令产生相同的理解，下属才会有一致的行动。要使指令明确，在发出指令时就要使用准确的词语，多用数据，减少中性词汇和模糊语。指令应当包括时间、地点、任务要求、协作关系、考核指标和考核方式等内容。指令还应当简明扼要，一目了然。

如果指令太多或变化太快，缺乏稳定性，下级就会形成一种采取短期化行为的倾向，以便捞取好处。或者下级根本不信任领导者发出的指令，这就会难以管理和控制。因此，在发出指令前要仔细审查指令的可行性，在执行中可能遇到的阻力，以及处理的方式。向下级解释清楚指令的内容和要求执行的原因，以统一全员的认识。如在执行过程中发现指令有不切实际的地方，应因事因时而异，区别情况采取不同的补救措施，立即更正发现的原则性错误。

再正确有效的指令如果得不到落实，就等于没有指令。当然，抓落实也不意味着要"一竿子插到底"，使领导者陷于琐碎的日常事务之中。抓指令的落实，主要是通过定期和不定期的检查来进行，以检查的结果或抽查的结果来判断下级的执行情况，这样下级在执行时就不敢懈怠。

艾柯卡在福特汽车公司总经理和克莱斯勒公司总裁职位上时，采取了"季检查制度"来实行控制。每隔3个月，领导人与直属下级坐下来面谈一次，检查上一季度的成绩及目标完成情况，并订出下季度的目标。彼此同意后，下级就要写出目标，领导者在其上签名。艾柯卡认为，这种方法虽然简单却很有效。

对计划、指令的执行情况进行检查之后，就要采取强化措施。执行得好的要给予奖励和表彰，鼓励他们再创佳绩；执行得不理想的，要加以批评。还要区分不同的情况，采取不同的纠正偏差的措施。

若是指令本身存在不合理的地方，影响了下级的执行效果，那么纠正方法应是调整指令，使其更加合理和切实可行。

若是指令本身没有问题，主要是下级执行不力或方式不当导致执行效果不佳，则一方面要给予处罚，另一方面进行适当的指导。

2. 让你的命令迅速被执行。没有被执行的命令是毫无作用的，因此领导者应当让命令被有效执行。命令并不是向下属发布之后就没事了，信任下属当然有必要，但你的监督必不可少。

切记，即使在你日理万机、分身无术的情况下，也不要放弃监督的权力！

为什么有许多命令或指示下达后总是受阻呢？就是因为领导者没有监督自己的命令执行情况。

你发布一条命令，大家听明白了，你笑了，你感到心满意足，你认为自己做了一件很棒的事。你回到你的办公室，端起茶水看早报，一切顺利，天下太平。

这期间，事情进行得很顺利。你的命令被执行得适当而迅速，你可以高枕无忧地去钓鱼，事情能是这样吗？不会的，绝对不会的。为什么呢？因为一个没有监督的命令就不称其为命令，这只是一种美好的想法。

要保证工作顺利进行，你的命令就必须得到认真的贯彻，你必须亲自去检查工作，因为下级不敢忽视上级的检查。换句话说就是："不检查总会有疏忽！"

3.力争实现指挥科学性和艺术性的统一。有成效的领导者进行指挥时，既不像将帅统率军队打仗那样发号施令，也不像乐队指挥那么严格，有板有眼。他结合了二者的长处，实现了科学性和艺术性的统一。指挥就是通过命令、指示、要求和指导、说服、示范等方式，使团队成员积极而协调地实现既定的目标的过程。成功的指挥者要学会下达指示、进行授权和委派任务。

命令是使团队上下一致、同心协力的规范措施，理当重视，不可视为平常，否则，你就是把玩命令、疏忽失职，易失去领导者的权威。命令就是权威，权威服务于管理，管人者一定要明白这一点。

明确命令，确保执行不走样

令严如山，毋庸置疑。然而，明确的号令似乎更显重要。许多领导者都有下达命令不明的毛病，下达"不着边际的指示"，然后还奇怪下属没有执行他的指示。并且心里还在想："雇用这个人的时候，他看起来很有能力，怎么办起事情来这么差劲！"事实上该作检讨的是领导者自己。再有能力的人，如果弄不清楚究要他做些什么，那他也无法完成任务。

领导者在给下属分派任务时，指令要明确，不能模棱两可，也不能用"可能"这样的字眼。不少主管为了表示商量的语气，经常加上

"也许"这样的话，这么做只会令下属无所适从。比如说："明天有个会议，也许你应该去听一听！"在下属听来，这个会议是可去可不去的，但是如果不去，恐怕会议比较重要；可是如果去的话，又怕是不重要的会议，耽误了工作时间。而且身为下属总不能直截了当问上司："'也许'是应该去还是不去？"所以上司在发布命令时，要尽可能地明确。

有些领导者是知道下达命令要明确，却没有能力改正，经常下达一些让人摸不着头脑的指示或是意思很含混的命令。

某上司对其秘书说："替我致电总公司的张经理，约他下星期五到我的办公室来。"秘书小姐如言电约，可是对方说下星期五要召开重要会议，两天后就飞往英国出差，建议干脆明天约见。秘书想把张经理的话转告给上司，可是这两天是上司的假期，秘书不好打扰。上司上班后，秘书这才转述了张经理的话。这时张经理已经去英国了，上司一听便责怪秘书为什么不早说，秘书感到很委屈。因为上司的命令不够明确，没有说明找张经理的目的、截止时间、紧迫程度等，导致了秘书并没有太重视这件事。归根究底，上司要负主要责任。

当下属准确地知道你所需要的结果是什么的时候；当他们准确地知道他们的工作是什么的时候，你就可以更有效地监督他们的工作。如果你经营商业或工业，或者是在搞销售，甚至在军队中服务，当你能确保人们准确地知道他们的工作任务时，至少你会享受到减轻你的工作压力和更有效地监督下属这两种具体的好处。

当你发布使人容易明白听懂的简洁而清楚的命令时，下属们就会知道你想做什么，他们也就会马上开始去做。他们没有必要一次一次地回到你那里，而只是为了弄清楚你要说的话。在多数情况下，一个人没有为你做好工作的主要原因，就是他没有真正弄明白你要做什么。如果你希望别人丝毫不走样地执行你的命令，那么命令的清晰明确是绝对必要的。这是作为一个领导者必须要遵从的一个固定的规则。

总的来说，领导者下达的指示要有 10 项要素：什么问题；什么标准（数量、质量的要求）；什么人执行；什么时间执行；什么地点执行；什么方式完成；什么手段完成；什么目的；什么注意事项；什么方法考核、评估执行任务的最终成果。由于第一个字都是"什"（shen），所以可称为 10 要素。其中"什么方式完成"指在执行任务中采用的方法、方式、措施，而"什么手段"指所使用的工具、机器、设备和物资及所需经费。

下达指示要合乎法规、政策，合乎组织目标，合乎职权范围，合乎实际情况，合乎下级正当意愿，合乎明晰、准确的要求。

另外，明确号令的发布还应注意以下三点：

1. 命令要重点突出，不要面面俱到，如果你把命令讲得过于详细和冗长，那只会制造误解和混乱。

2. 为了使你的指令叙述得简要中肯，要强调结果，但不要强调方法。为了达到这个目的，可采用任务式的命令。告诉下属你要他做什么和什么时候做，但不能告诉他如何去做。"如何做"那是留给他去考虑的问题。任务式的命令为可以调动下属的想象力、主观能动性和独创性。不管你的路线是什么，这种命令方式都会把人引导到做事的最佳道路上去。

3. 有效的监督和检查必不可少。为什么有许多命令或指示下达后总是受阻呢？就是因为领导者没有监督执行情况。一个没有检查、监督的命令就不能称其为命令，只是一种美好的想法。要保证工作顺利进行，你就必须自己亲自去检查工作。

把顽固反对派变成忠诚拥护者

一名领导者，他的支持者越多，工作开展起来就越顺利。但不可否认的是，没有人会得到下属百分之百的支持。反对者的存在并不可怕，高明的领导者会以打拉结合的技巧去驾驭反对者，并尽可能地把反对者变成自己的拥护者。

怎样变反对者为支持者呢？这就要做到以下几点。

1. 虚怀纳谏，勇担己过

一个领导者必须具备虚怀若谷的胸怀、容纳诤言的雅量。遇到下属反对自己时，要扪心自问，检讨自己的错误，并且在自己的反对者面前勇敢地承认，这不但不会失去威信，反而会提高权威。对方也会因为领导者的认错更加尊重他而与之合作。千万不可居高临下，压服别人，一味指责对方过错，从不承认自己不对。即使心里承认但口头上却拒不承认，怕失面子，这是不可取的，也是反对者最不能接受的。

2. 弄清原因，对症下药

反对者反对自己的原因是多种多样的，只有弄清楚，方能对症下药。有的是思想认识问题，一时转不过弯来。对于这种反对者切不可操之过急，而应多做说服工作。实在相持不下，一时难以统一，不妨说一句：还是等实践来下结论吧！有的下属反对自己是因为自己的思想工作方法欠妥或主观武断，脱离实际；或处事不公，失之偏颇。对于这种反对者最好的处理方法就是从善如流，在以后的行动中来自觉纠正。还有的反对者则是因为其个人目的未达到，或自己坚持原则得罪过他。对于这种人一方面要团结他，一方面要旗帜鲜明地指出他的问题，给予严肃的批评与教育，切不可拿原则做交易，求得一时的安宁和和气。总之，领导者要冷静地分析反对者反对自己的原因，做到有的放矢，对症下药。

3. 不计前嫌，处事公道

这是一个正直、成熟的领导者的基本素质，也是取得下属拥护和爱戴的重要一条。反对者最担心也是最痛恨的是领导者挟嫌报复、处事不公。领导者必须懂得和了解反对者这一心理，对拥护和反对自己的人要一视同仁，切不可因亲而赏，因疏而罚，搞那套"顺我者昌，逆我者亡"的封建官场作风。只有这样，反对者才能消除积虑和成见，与领导者走到一条道上来。

4. 严以律己，宽以待人

一个群体内部有亲疏之分，领导者与被领导者之间也是如此，无论谁承认与否，这是不可否认的一个客观存在。因为在一个单位中总有一部分同事由于思想、性情、志趣与自己接近，容易产生共鸣，获得好感、赢得信任，这种亲近关系常会无意中流露出来。而那些经常反对自己的人，在一般人看来是不讨领导喜欢的，无疑与领导的关系是"疏"的。一个领导者与被领导者之间的"亲疏"，是下属最为敏感的问题。如果一个领导者对亲近自己的恩爱有加、袒护包容，而对疏远者冷落淡漠，苛刻刁难，那么团体内部必然产生分裂，滋生派系。正确的方法应该是亲者从严，疏者从宽。也就是说对亲近者要求从严，而对疏远者则要宽容一点。这样可以使反对自己的人达到心理平衡，迅速消除彼此间的隔阂和对立情绪。

5. 关怀下属，情理并重

下属总有自身难解决的问题，需要领导者去协调、去解决。作为领导者理应关心他们的疾苦，决不可袖手旁观，置之不理，尤其是主动帮助那些平常反对过自己的人（这是沟通思想的好机会）。只要符合条件、符合政策，就应毫不犹豫地帮助他们解决实际问题。哪怕一时没办到，但只要是尽了努力，他们也会铭记在心，备受感动。相信只要领导者付出真情，自然会得到回报，他们就会变反对为支持。那么领导者所领导的群体就一定会出现一个众志成城、生机勃勃的局面。

原则问题，绝不能少数服从多数

坊间流传着这样一句话"法不责众"，其大意是指当某项行为具有一定的群体性或普遍性时，即使该行为含有某种不合法或不合理因素，法律对其也难予惩戒。虽然在法理上不存在法不责众的情况，但是在现实的管理工作中，法不责众这种观念确实会对我们产生一定的影响。

相信很多领导者都曾遇到过这样的情况——一些不被制度认同的行为已经具有了普遍性，逼得我们不得不从宽处理。这样一来，原本那些老老实实的下属也开始有样学样，原本的积极配合也就变成了消极应付——反正大家都是这样，反正即使这样也不会受到处罚；但如果我乖乖听话，岂不是成了"软柿子"，而且必然还要受到其他同事的嘲笑。于是久而久之，我们也没了办法，甚至只能听之任之，甚至我们还要宽慰自己——"自古以来法不责众，集体犯错不叫犯错！"

的确，法不责众这种思想在中国社会已经流传了很久，而且也确实被当权者使用过，而且现代社会也讲究民主，因此，少数服从多数倒也说得过去。但是，如果这个多数存在问题，甚至是很严重的问题，那么作为领导者，我们对于错误的放任自流叫什么？那叫渎职！叫懦弱！叫愚昧！在今天，随着社会的进步，法治逐步深入人心，执法理念已经发生了根本的改变，如果我们抱守着"法不责众"的老观念不放，岂不是让人笑话？更何况，我们用尽心思制定那些制度是为什么？不就是为了合理的约束下属？如果它们都成了摆设，那会产生怎样的后果？相信大家都心知肚明。

所以，我们治下的依据必须是对真理的准确判断，哪边有真理，哪边就是对的，对的就赏，错的就罚，不管这个阵营的人是多是少。当然，有些心怀叵测的人可能很会蒙骗群众，以"多数"作后盾而提出无理要求，在这种情况下，我们可能会显得很孤立，但这并不可怕，我们根本无需对这样的"多数"妥协，因为这种孤立必定是暂时的。

某厂有个工人盗窃了厂里的木材，数量虽然不很大，但性质肯定是偷盗。因为这人是木工，平时上上下下找他敲敲打打的人很多，都与他有点交情，于是，便都为他求情，只有厂长坚持要依厂规处理。

有人就说："少数服从多数嘛。"厂长理直气壮地说："厂规是厂里最大多数的人通过的，要服从，就服从这个多数。"

一时间，厂长似乎有点孤立，但时间一长，理解和赞同他的人便越来越多，而偷盗厂内财物的情况也从此大为减少了。

如果故事中的那位领导者选择了听从大多数人意见，不加处理、不做整改，结果会怎样？毫无疑问，企业的不良风气定然会愈演愈烈，偷盗者会越来越多，懒散面会越来越大，规范和纪律势必成为一纸空文。到那个时候，做领导的难辞其咎，威信扫落一地，那才是真正的孤立呢！所以在这里给大家提两个醒：

1. 法可以且应当责众

显然，规章制度的执行在某种程度上会与个人的利益发生冲突。如果说我们坚持法不责众，则意味着将冲突交由自己全权处理，较之规章制度，更倾向于个人判断。这极有可能会令下属对团队的规章制度产生怀疑，已建立起的秩序也有可能会因此发生动摇。反之，只有"依法办事"，才能保证规章制度的威严性。

2. 法应善于责众

古希腊伟大的哲学家、科学家、教育家亚里士多德曾经说过："法治应包含两重意义——已成立的法律获得普遍的服从，而大家所服从的法律又应该本身是制订得良好的法律。"也就是说，我们要懂得"良法善治"，我们不但要保证制定出来规章制度得到严格的遵守与执行，同时也要注意责众的方式与方法，将可能造成的伤害及导致团队不稳定的因素降到最低，毕竟一切制度的制定还是要本着"以人为本"的原则。

大家应该很清楚，其实每一个领导者所制定的策略，必然会有反对者。其中有对新策略不甚了解的人，也有为反对而反对的人。一片反对声中，我们犹如鹤立鸡群，这种时候，你不能妥协、不能犹疑，要耐得住寂寞，扛得了孤立。

对于那些不了解的人，我们完全可以怀着热忱、抱着耐心，对他们晓之以理、动之以情，如果说这些人还明事理，那么要不了多久，他们就会从反对者变成拥护者。而对于为反对而反对的人，任凭我们怎样说，恐怕他们也是不为所动，那么就干脆将他们当成空气好了，你只要做正确的事情就可以了。

总而言之，如果说，我们希望自己的团队能够保持真正的和谐，希望团队的风气能够持续地积极向上，希望团队制度的尊严能够得到保护，那么首先就要从自己的思想里剔除"法不责众"的陈旧观念，切实加大依法治下的力度，严惩"违法分子"。即，只要有人违反了团队制度，别管他是谁，也别管涉及多少人，都要做出惩罚，绝不姑息养奸，不应因牵涉人数甚多就心软、就手下留情，甚至是撒手不管，纵容心怀叵测之人打着"集体"的旗号，谋一己之私利。

罚赏分明，不要掺杂私人感情

要达到赏罚分明，公平公正是前提和根本原则。领导者需做到对事不对人，把个人感情暂且抛开，才能发挥赏罚的本来功能。所以，无论这个下属跟你的关系有多好，或者是水火难容，在他犯下错误或做出成绩时，领导者都要一视同仁，该罚则罚，该奖则奖。

蒙塔·埃利斯是美国国际农机商用公司的老板。如果有人违反了公司的制度，他一定毫不犹豫地按章处罚。但他也不吝啬金钱，该奖励的也不犹豫，还能体贴员工的疾苦，设身处地地为员工着想。

有一次，一位跟埃利斯干了10年的老员工违反了工作制度，酗酒闹事、迟到早退，还因此跟工头大吵了一架。在公司所定的规章制度中，这是不能容忍的事情，不管是谁违反了这一条，都会被坚决地开除。当工厂的工头把这位老员工闹事的材料报上来后，埃利斯迟疑了一下，但仍提笔批写了"立即开除"四个字。

埃利斯与这位老员工是患难之交，他本想下班后到这位老员工家去了解一下情况，不料这位老员工接到被公司开除的决定后，立刻火冒三丈。他找到埃利斯，气呼呼地说："当年公司债务累累时，我与你患难与共，3个月不拿工资也毫无怨言，而今犯这点错误就把我开除，真是一点情分也不讲！"

听完老员工的叙说，埃利斯平静地说："你是老员工了，公司制度你不是不知道，应该带头遵守……再说，这不是你我两个人的私事，我只能按规矩办事，不能有一点例外。"

接着，埃利斯仔细地询问了老员工闹事的原因，通过交谈了解到，这位老员工的妻子最近去世了，留下两个孩子。一个孩子跌断了一条腿，住进了医院，还有一个孩子因吃不到妈妈的奶水而饿得直哭。老员工是在极度的痛苦中借酒浇愁，结果误了上班时间，还与工头发生了冲突。

了解到事情的真相，埃利斯为之震惊："是我们不了解你的情况，对你关心不够啊！"埃利斯接着安慰老员工说，"现在你什么都不用想，快点回家去，料理你夫人的后事并照顾好孩子。你不是把我当成你的朋友吗？所以你放心，我不会让你走上绝路的。"说着，从包里掏出一沓钞票塞到老员工手里。

老员工被老板的慷慨解囊感动得流下了热泪，他哽咽着说："我想不到你会这样好。"埃利斯嘱咐老员工："回去安心照顾家吧，不必担心自己的工作。"

听了老板的话，老员工转悲为喜说："你是想撤销开除我的命令吗？"

"你希望我这样做吗？"埃利斯亲切地问。

"不！我不希望你为我破坏公司的规矩。"

"对，这才是我的好朋友，你放心地回去吧，我会适当安排的。"

在埃利斯继续执行将他开除的命令以维持公司纪律的同时，他将这位员工安排到自己的另一家牧场当了管家。埃利斯这样做，不仅解决了这个员工的忧难，使他的生活有了保障，也因此赢得了公司其他员工的心。

赏罚的方法多种多样，领导者的言行举止既是下属获取信息的来源，其实也是赏罚的方式。除了金钱以外，晋升、带薪休假、委以重任、提供培训发展机会、表扬、解雇、降职、批评等都是不可或缺的方法。对于不同的下属和不同的情况应该采取不同的方式。例如：一个刚从大学毕业的学生来到一个新的岗位上，对他而言，在工作中学到东西可能是最重要的，所以对他最好的激励就是委以重任和提供培训发展机会；而对于一个工作近二十年的老员工而言，他可能更多地考虑他将来的生活保障，所以福利、保险计划等金钱激励恐怕是更合适于他的方式。单一的赏罚方式往往只能使少数人受到激励或惩戒，而多种赏罚方式综合地、有针对性地运用，则能使下属的正确行为获得最大限度的强化。

要善于用权，而不要滥用权力

有一些领导者，尤其是那些升迁快速的领导者，难免会像故事中的羊一样自命不凡，盛气凌人。其实，你的升官很可能只是由于运气特别好，或者按顺序轮到了你，然而，有些人却以为是自己才能及努力所赐，难免产生一种狂妄自大的心理。此种人常以其头衔而自豪，喜欢用权力压人，或妄发言论或任意否决，平日里好管闲事，走起路来神气十足，俨然不可一世。

"年轻人应多学习，像我当年是特别爱动脑筋的。"

"最近人才愈来愈少，愈来愈差劲。"

这种人就喜欢如此数落别人，借以抬高自己的身价，下属们尽管表面上不吭声，但内心里着实不是滋味。

有些领导者常常感觉掌握了生杀大权，便想小试剑锋，处理一两个平时看着不怎么舒服的下属。这种特权一旦频繁使用，就会使下属产生不满，抵触情绪加大，非常不利于工作的开展。

有些传统的领导者也喜欢用高压的方式领导和管理下属，他们认为，当领导的就要对员工吆五喝六，指挥周围的人，否则做领导就失去了威信。其实随着时代的进步，这种高压式的管理方式已经在逐渐被淘汰。下属不应该是企业管理用来赚钱的工具，现代管理在员工管理之中更需要注重加入一些人性化的东西。

领导者负有达成团队目标的任务，为了完成任务，我们被赋予一种强制别人的力量——权力，它可以用作指示、指导，也可用以纠正过失。权力也是领导者表现自己管理手段的体现，但它不代表一切。无数事实证明，过分保护和依赖权力就会存在私人欲望，就会产生滥用权力的现象，这是对权力价值的破坏。任何权力都有一定的限制和范围，领导者如果硬要突破这种限制和范围，就会形成"权力扩张"，最终会危及团队及团队成员的利益。

有的领导者不顾下属的立场，总是以强制命令的方式来压制，这是领导者绝对要避免的，因为这样只能增加员工抗逆的心理，而收不到好的效果。

一个真正优秀的领导者，绝不会依靠权力来行事，如果太仰仗权力，不管什么事都采取强硬手段来压制，口口声声说："我说这么做就这么做"，不厌其烦地一再向人们显示自己的权力，就不能使下属信服。

下属本身是有服从心理的，如果领导者再一味以这种以上凌下的态度对待他们，即使性格温顺的人也会反感。所以领导者不能借助权力压人，要靠本身的威信使人服从。权力并不是万能钥匙，你不用多表现，大家也知道你是领导。威信比权力更重要，把精力放在建立威信上，效果一定会更好。当威信建立起来时，你就具备了无形的感召力，你所做出的决定，就会得到大家的拥护。

CHAPTER 08

会用才，才聚才
——团队要聚才，与善于用人绝对分不开

不会用人，非但不能服人，还会使团队的运转无法生动起来。用人的学问在于：如何把合适的人，放到合适的位置上，用好、用活，即便是有问题的下属也能让他为我所用，发挥出最大效能。唯有如此，高效工作的局面才会随之而来。

用人需要疑，疑人也要用

自古以来，国人对"用人不疑，疑人不用"的管理原则就较为推崇，这似乎也是国内某些特定大型企业管理层的用人标准，因为不疑，所以放心，因为得到信任，所以可以出成绩，所以整个团队的事业都可以得到延续发展。但事实上，这种用人理念未免过于绝对。

历史上，关于"用人不疑，疑人不用"的典型故事有很多，三国尤甚，刘备尤甚。刘皇叔向来推崇"弘毅宽厚，知人善任"，似乎从不会怀疑自己的部下，于是刘、关、张、赵、诸葛在一起，共同谱写了一曲君臣知心的传奇。所以后世之人更是推举刘皇叔的家业为亲情凝聚的典范。

但客观地说，这只是封建社会中的佳话，用坊间流传的话来说，只不过是在合适的时间遇到了合适的人，因而做出了合适的事情，成就了合适的功绩而已。但如果将其运用到现代管理之中，则未必是绝对的好事。

换而言之，"用人不疑，疑人不用"这句话我们应该辩证地看，要考虑到当前的环境，当前的背景，从而摆正"疑"和"用"的关系。

首先，从正面的角度上看，"用人不疑，疑人不用"最重要的效用不是有效使用人才，而更多的是一种精神激励。也就是说你给下属足够的信任度，他们就会"受宠若惊"，甚至会把你视为知己，于是肝脑涂地亦在所不惜。若单从这个角度上说，"用人不疑，疑人不用"的管理原则，是值得我们借鉴的。

但是，请注意，这只是从正面的角度上说。事实上，团队处于不同的发展期，用人的策略亦应有所不同。譬如说，在团队组建之初，有多少成员我们一目了然，对于大家的各方面情况我们也能做到心中有数。在这个时期，采用"用人不疑，疑人不用"的管理策略，是完全可以的。因为对于小团体而言，领导者依靠此策略确实可以收到"笼络人心"的效果。然而，倘若团队一步步地做强做大，在职员工成百上千，这个时候再遵循"用人不疑，疑人不用"的策略，就不符合客观规律了。因为我们这些做领导者的，面对如此庞大的人群，不可能对每一个人的情况做到了如指掌。打个简单的比方，如果我们自己驾车，拉着几位朋友出游，那当然不需要安检，因为我们了解，这些朋友不可能做出什么违法乱纪的事情。但是在汽车站、火车站，工作人员就必须通过安检来保障所有乘客的安全。换而言之，由于本性、教育、价值观上的差异，人的道德水准良莠不齐，倘若我们视"用人不疑，疑人不用"为箴言，在自己的团队中一味贯彻，那就是管理上的一个误区。

这也就是说，领导者不可忽略人性的无常。毕竟，人无时无刻不处于变化之中，此时他清醒，彼时就可能糊涂；此时他是君子，彼时亦可能是小人。从这个角度上讲，如果我们"用人不疑"，团队就极有可能被搞得一塌糊涂；如果我们"疑人不用"，那团队中除了我们自己，几乎就没有可用之人了。因此可以说，我们若能做到"物尽其才，人尽其用"就已经比较理想了，若非要"用人不疑，疑人不用"就太不现实了。

所以，我们符合客观现实的做法应该是：用人一定要疑，疑人也要充分用。

举例说明一下：

某老总请客，入席的有老总熟识的两位朋友以及一位跟随老板多年的部门经理。中途，老总接了一个重要电话，因事提前离席，临走时交代部门经理埋单。结账时，服务员告知共计消费 600 元，那位部门经理竟然当着老总朋友的面开了 800 元的发票。那两位朋友回到家后，其中一位总觉得不对，觉得应该给自己的朋友打个电话。于是，他拨通那位老总的电话，告诉他：

"我今天看到一问题，可能很严重，作为朋友，我觉得应该告诉你。不过，说实话，我也很为难，不知道当说不当说，是关于你的副手的问题。"

"没关系，你有话就直说，他是我多年的手下了，无论有什么问题，我想我应该能处理好的。"这位老总很自信。

"那好，我就说了，其实我们今晚吃饭只花了 600 元，可你的副手却开了 800 元的发票。我觉得这样的人不能再用了！"

"哦，就这事啊，这没什么的。他为什么不多开一千两千的？因为他不敢。这 200 元，就当是奖励他了。我告诉你，这个人不但会开票，还很会做事。我只怕那种光会开票却不会做事的人，而且，那种连票都不会开的人，在我这里也根本没大用。老朋友，这就叫'用人要疑，疑人也用'。"

事实上，例中那位部门经理应该知道老总对他有疑，当然也知道老总会用他，因而，他能够把自己的行为控制在老总可以接受的范畴之内。老总也知道员工们喜欢利用职务之便占些小便宜，想要完全杜绝不现实，如果因为有这些怀疑而放弃能干之人，那么对于公司而言无疑是更大的损失。所以，他"疑人也照用"。

这位老总的用人策略很值得我们借鉴。事实上，如果我们对团队中的每一个人都不疑有二，就会让心术不正之人有机可乘，就会令团队的局面失去控制，尤其是我们正在试用一个还不是很了解的人时，"用人要疑"这一点就显得非常重要。

用人要疑，不是说就要对他们"怀疑"和"不信任"，而是应该在一定的范畴内对他们进行"约束""监督"。"疑人照用"，也不是说一定要提拔和犒赏，而应该是人尽其才，将人才安排到适合他的位置。正确地理解这句话并将其运用到我们的管理工作之中，才是对团队真正的负责，对人才真正的负责。

不仅要知人，更要善用人

发掘人才是团队寻找人力资源的重要途径，领导者有时却不关注这一点。发掘不了人才，就等于不能使用人才，就等于浪费人才。有时候，企业或办公室有一个重要的职务，但却找不到具备这项专长的合适人选，这时，作为领导者，你就要主动在下属中发掘可以胜任的人才。

团队的生命在于人力，而最大的人力来源于领导有效地发现所有下属的才智，使其各尽所能。但是由于有些领导者经常使用自己信得过的下属，而疏远那些尚待发现的人才，致使某些工作难以展开。甚至可能出现这种现象："我没有能力完成这项工作，因为我缺乏领导者方面的才能。"

有些下属，基于先入为主的观念，不喜欢新的挑战，而常会说出这种自暴自弃的话。问他原因，就会说："公司领导从来就不让我独立地完成一些重要工作，只是随着别的有才能的人做这做那，充当手下而已。而我的才能，从来就没有被发现过，也从来就没有验证过，所以我失去了挑战自我的信心。"

其实，这不足以构成理由，但是说明了人才需要发掘的道理。假如领导者不会发掘人才，便是一种盲目管理。那么怎样避免这种现象的发生呢？

1.领导者要先了解下属的优点、特长，考虑如何能使他发挥最大的才能。

领导者应该敏锐地发现下属潜在的才能，并且不灰心、不气馁地帮助他发展才能。如果具备了这样的精神，或许别人认为平凡或一般水平以下的人，也有可能产生非凡的能力，这是多数人预料不到的。因此做领导者的，一定要认真进行这项努力。

即使不能达到预期的效果也无妨，最起码和过去相比较，很显然他会有所进步，而这种成长的过程，对他个人来说，是一种精神上的财产；对身为领导者的人而言，也是一种莫大的喜悦。

某大公司的人事领导者，向来以擅长发掘人才闻名，他说："人的性格是表里合一的，外在行事大胆，个性就暴躁易怒，而表面细腻紧密，内在就很神经质。我在任用下属时，就观察他表面的长处，尽可能发掘其长处，而包容其短处，因为短处往往也可反过来成为长处。"

2. 企业领导者要发现人才，必须根据所做工作的特性，来寻找合适的人选。可以先多挑选几个人，然后再从不同的方面加以精选；或者组成一个协作团体，使他们的才能组合起来，构成整体，从而符合"三个臭皮匠胜过一个诸葛亮"的用人原则。这就是说，发现人才实际上是对下属工作能力的评估过程。

发掘人才，既需要眼光，也需要耐心，二者缺一不可。一个不善于发掘人才的领导者，只能埋没人才，给团队带来极大的损失。因此说，发掘人才是体现领导者眼力和能力的标志之一，不应漠视。

一位合格的现代领导者必须懂得取长补短、以长制短的用人原则，而力戒长短不分、以短为长的盲目行为，这样才能发挥下属在团队中的位置和作用。

俗话说："尺有所短，寸有所长。"事实上，完美的人才是没有的，而这也正是对领导者才干的一个考验：一个不合格的领导者，只会用人之短，而不会用人之长；而一个优秀的领导者，则会用人之长，而不会用人之短。后者的做法是领导者用人的重要原则。

善于管理的领导者应当知道下属的优点和缺点，并在适当的时候和恰当的位置上运用其人，这样就可以做到扬长避短了。在这里，我们先从性格出发，来分析下属的行为特征，从中分辨出下属的"长"与"短"，以便领导者用人时发挥出参考作用。

◆性格坚毅刚直的下属，长处在于能够矫正邪恶，不足之处在于喜欢激烈地攻击对方。

◆性格柔和宽厚的下属，长处在于能够宽容忍耐他人，不足之处在于经常优柔寡断。

◆性格强悍豪爽的下属，称得上忠肝义胆，却过于肆无忌惮。

◆性格精明慎重的下属，好处在于谦恭谨慎，却经常多疑。

◆性格强硬坚定的下属，起到稳固坚定的支撑作用，却过于专横固执。

◆善于论辩的下属，能够解释疑难问题，但性格过于飘浮不定。

◆乐于好施的下属，胸襟宽广，很有人缘，但交友太多，难免龙蛇混杂。

◆清高耿直、廉洁无私的下属，有着高尚坚定的情操，却过于拘谨约束。

◆行动果断、光明磊落的下属，勇于进取，却疏忽小事，不够精明。

◆冷静沉着，机警缜密的下属，善于探究小事，细致入微，动作却稍嫌迟滞缓慢。

◆性格外向的下属，可贵之处在于为人诚恳、心地善良；不足之处在于太过显露，没有内涵。

◆足智多谋，善于掩饰感情的下属，长处在于权术计谋。他们灵活机智，富有韬略，在下决断时又常常模棱两可，犹豫不决。

◆性格温柔和顺的下属，行事迟缓，缺乏决断。因此，这种人常常遵守常规，却不能执掌政权，解释疑难。

◆勇武强悍的下属，意气风发，勇敢果断，但他们从不认为强悍会造成毁坏与错误，视和顺忍耐为怯懦，更加任性妄为。

◆好学上进的下属，志向高远。他们不认为贪多骛得、好大喜功是缺点，却把沉着冷静看作是停滞不前，从而更加锐意进取。因此这种人可以不断进取，却不甘心落后于人。

◆性格沉着冷静的下属做起事来深思熟虑，他们不觉得自己太过于冷静，以至于行动迟缓。因此这种人可以深谋远虑，却难以及时把握机会。

◆性情质朴的下属，他们的心地痴顽直露，行事直爽。因此这种人可以使人信赖他们，却难以去调停指挥，随机应变。

◆富有谋略、深藏不露的下属，善于随机应变，取悦于人。因此这种人往往不易显露其真实的想法，常常表里不一。

以上18类仅仅是一个概括，不可能包括所有人，但是，其中已经大体表明这样一个基本道理：下属各有性格特征，皆有长短，关键在于领导者如何根据工作的特性去精心安排下属。一位下属的优点是领导者调控下属的核心，领导者的职责就是合理地搭配下属的优缺点，否则就是不称职的。

善于发现下属的优点和缺点并扬长避短，是领导者不可忽视的用人之道。作为领导者，你不妨用归纳法逐个分析下属，分别找出他们的长处和短处，使其各有所用。

根据下属个性委以合适工作

在一定程度上，一个人能力的大小以及性格的变化取决于他的胸怀与禀性，心胸狭窄、禀性不良的人不能指望他为善，禀性懒的人不能指望他做事勤快。注重道德和品行修养的人不会干凶恶阴险的事，追求公平正直、心无偏私的人，不会伤害朋友。

领导者假如能把握好下列 12 种不同性格的人，学会识别并善用他们，就一定能把团队带到一个辉煌的层面上。

1. 宏阔之人

这种人交友广泛，待人热情，出手阔绰大方，处世圆滑周到，能得到各方面朋友的好感和信任。他们善于揣摩人的心思，投其所好，长于与各方面的人打交道，混迹于各种场合而左右逢源。适合于做业务工作和公关，能打通各方面的关节。

但因所交之人鱼龙混杂，又有点讲义气，往往原则性不强，容易受朋友牵连而身不由己地做错事，很难站在公正的立场上论事情的是非曲直，不适宜矫正社会风气。

2. 雄悍之人

这种人有勇力，但暴躁，认定"两个拳头就是天下"，恃强鲁莽，为人讲义气，敢为朋友两肋插刀，属性情中人。

他们的优点是为人单纯，没有多少回肠弯曲的心机，敢说敢作敢当，有临危不惧的勇气，对自己衷心折服的人言听计从，忠心耿耿，赤胆忠诚，绝不出卖朋友。

缺点是对人不对事，任凭性情做事，因其鲁莽往往会犯下无心之过。

3. 强毅之人

这种人性情硬朗，意志坚定，刚决果断，勇猛顽强，敢于冒险，善于在抗争性的工作中顽强拼搏，阻力越大，个人力量和智慧越能得到淋漓尽致地发挥，属于枭雄豪杰一类的人才。

缺点是易冒进，骄傲于个人的能力。权欲重，有野心，喜欢争功而不能忍。他们有独当一面的才能，也能灵活机动地完成使命，是难得的将才。但一定要注意把握好他们的思想和情绪变化，这可能是他们有所变化的信号。

4. 柔顺之人

这种人性情温和，慈祥善良，亲切和蔼，不摆架子，处世平和稳重，能够照顾到各个方面，待人仁厚忠实，有宽容之德。如柔顺太过，则会逆来顺受，随波逐流，缺乏主见，犹豫观望，不能果决，也不能断大事常因优柔寡断而痛失良机。

因与人为善又可能丧失原则，包容袒护不该纵容的人。在许多情况下，连正确的意见也不能坚持，对上司有随意顺从的倾向。如果刚决果断一些，正确的能极力坚持或争取，大事上把握住方向和原则，以仁为主又不失策略机变，则能团结天下人才共成大事。这就是曾国藩所说的"谦卑含容是贵相"。否则，只是幕僚参谋的人选。

5. 固执之人

这种人立场坚定，直言敢说，也有智谋，可以信赖，行得端，走得正，为人非常正统，不论在思想、道德、饮食、衣着上都落后于社会潮流。有保守的倾向，也比较谨慎，该冒险时不敢，过于固执，死抱住自己认为正确的东西，不肯向对方低头，不擅长权变之术。

这种人是绝对的内当家，是敢于死谏的忠直大臣。

6. 朴实之人

这种人胸怀坦荡，性情忠厚淳朴，没有心机，不善机巧，有质朴无私的优点。但为人过于坦白真诚，心中藏不住事，大口没遮拦，有什么说什么，太显山露水，城府不够，甚至可能被大家当傻瓜看，作为取笑对象。与这种人合作，尽可以放心。

但这种人，办事草率，有时又一味蛮干，不听劝阻，该说的说，不该说的也说。虽说坦诚是为人处世的法则，但一如竹筒倒豆子，少了迂回起伏，也未必是好事。如果能多一份沉稳，多一点耐心，正确运用其诚恳与进退谋略，成就也不小。

7. 好动之人

这种人性格开朗外向，作风光明磊落，志向远大，卓立不群，富有开创精神，凡事都想争前头，不甘落在人后，往往从中产生出莫大的勇气和灵感，不轻言失败，成功欲望强烈，永远希望自己走在成功者的前列。

缺点是好大喜功，急于求成，轻率冒进，如果在勇敢磊落的基础上能深思熟虑、冷静应对，则能取得重大成就。又因为妒忌心强，如果不注重自身修养，会因忌妒而犯错误。如果将忌妒心深藏不露，得不到宣泄，可能致人格偏失到畸形。

8. 沉静之人

这种人性格文静，办事不声不响，作风细致入微，认真执着，有锲而不舍的钻研精神，因此往往成为某一个领域的专家和能手。

缺点是过于沉静而显得行动不够敏捷，凡事三思而后行，抓不住生活中擦肩而过的机会。兴趣不够广泛，除兴趣所在之外，不太关心周边的事物。尽管平常不太爱讲话，但看问题又远又深，只因不愿讲出来，有可能被别人忽略。其实仔细听听他们的意见是有启发的。

9. 辩驳之人

这种人勤于独立思考，所知甚博，脑子转得快，主意多，是出谋划策的好手。

但因博而不精，专一性不够，很难在某一方面做出惊人的成就。不愿循着前人的路子，因此多有标新立异的见解。口辩才能往往也很好，加上懂得多，交谈演讲时往往旁征博引，让人大开眼界。如能再深钻一些，有望成为百科全书式的人物。为人一般比较豁达，因此也能得到上下之士尊敬。

10. 清正之人

这种人清廉端正，洁身自爱，从本性上讲不愿贪小民之财，富有同情心和正义感，因此，看不惯各种腐败而不愿为官，即使为官也是两袖清风，不阿谀奉承，偏激的人甚至辞官不做，去过心清神静的神仙日子。

由于他们原则性极强，一善一恶界限分明，有可能导致拘谨保守，又因耿直而遭奸人嫉恨陷害，难以在政治上取得卓越成就。有狂傲不羁个性的，反而在文学艺术上会有惊人的成就，在那个天地中可以尽情自由地实现他的理想和抱负。

11. 拘谨之人

这种人办事精细，小心谨慎很谦虚，但疑心重顾虑多，往往多谋少成，不敢承担责任，心胸不够宽广。他们驾轻就熟，在力所能及的范围内能很圆满地完成任务。可一旦局面混乱复杂，就可能头昏脑涨而做不出果断、正确的抉择，难以在竞争严酷的环境中生存。

他们生活比较有规律，习惯于井井有条而不愿随便打乱安静平稳的识人术的目的不仅知人，更重要的是在了解其人之后，采取相应的措施去用人。

第二次世界大战时英国著名的蒙哥马利元帅曾经有过这样一段话："我们把军官分成四类，聪明的、愚蠢的、勤快的、懒惰的。每个军官至少具备上述两种品质。那么，聪明而又勤快的人适宜担任高级参谋；愚蠢而又懒惰的人可以被支配着使用；聪明而又懒惰的人适合担任最高指挥；至于愚蠢而又勤快的人，那就危险了，应立即予以开除。"

12. 韬智之人

这种人机智多谋又深藏不露，心中城府深如丘壑，善于权变，反应也快。如果立场不坚定，易成为大奸之人，往往见风使舵，察言观色确定自己的行动路线，智谋多变。如果忠正有余，则会成为张良一类的奇才。

办事能采取比较得体的方法，表面谦虚，实际上不会吃哑巴亏，暗藏着报复心。用人讲求乱世用奇，治世用正。这种人不论在乱世还是治世，都能谋得自己的一席之地，是懂得变通的善于保全自己的一类人。因诡智多变，可能节气不够，不宜选派这种人掌管财务、后勤供应等事。

紧贴人性特点，完成有效激励

俗语说得好：士为知己者死。身为领导者，如果你了解人性，也就知道如何有效激励下属，那么你就能更快地走入他们的心灵，驾驭他们，领导他们，开发他们。

那么，下属什么时候最容易被激励呢？

1. 意见被尊重的时候。下属需要价值感和尊重感。当他们谈论自尊或尊严时，就是表达这种需要。在现代社会吗，其他许多需要都易满足，唯有价值感和尊重感非常难以满足。

现代管理学认为，团队的发展不光是来自经济的财富，而且还来自人的力量，每个团队的管理任务则在于诱导和强化这种力量。现代工作指导方法是，使全体员工站在领导者的角度，充分发表自己的意见和看法，领导者则审查这些意见和看法的可行性。这种群体爆发出的活力，也就造就了团队的聚合力。

美国的航空业在 20 世纪 90 年代中期处于动荡之中，只有屈指可数的几家航空公司能够始终保持着无懈可击的财务纪录。德尔塔航空公司就是其中之一。这家公司在管理工作中不仅创造条件让下属发表意见，而且为了验证下属的意见花费了大量的时间和资金，最后竟会导致一系列的政策的重大变化。机械师伯理特的薪金少了 38 美元，公司没有付给他某一天修理发动机的加班费。他的上司对此无能为力。这个 41 岁的机械师对总经理力·加勒特抱怨说："我们总碰到令人头痛的报酬问题，这已经使一大批的优秀人才对公司感到失望了。"三天以后，最高管理部门向伯理特先生作了道歉，并补发了工资。德尔塔公司并就此举一反三，改变了工资政策，对加班的机械师提高了加班费。用于充分尊重下属的意见，这种机制不仅调动了下属的工作积极性，也使该公司在同行业中脱颖而出。

2. 受到上司称赞的时候。领导者的赞扬可以满足下属的荣誉感和成就感，使其在精神上受到鼓励。

常言道："重赏之下必有勇夫"。这是物质的低层次的激励下属的方法，物质激励具有很大的局限性，下属的很多优点和长处也不适合用物质奖励。

相比之下，领导者的赞扬不仅不需要冒多少风险，也不需要多少本钱或代价，就能很容易地满足一个人的荣誉感和成就感。领导者的赞扬可以使下属认识到自己在群体中的位置和价值，以及在领导者心中的形象。

下属很认真地完成了一项任务或做出了一些成绩，虽然此时他表面毫不在意，心里却默默地期待着领导者来一番称心如意的嘉奖。领导者一旦没有关注或不给予公正的赞扬，他必定会产生一种挫折感，对领导者也产生看法，"反正领导也看不见，干好干坏一个样。"领导者赞扬下属，还能够清除下属对领导者的疑虑和隔阂，密切两者关系，从而有利于团结。有些下属长期受领导者的忽视，领导者不批评也不表扬他，时间长了，下属心里肯定会嘀咕：领导者怎么从不表扬我，是对我有偏见还是妒忌我的成就？于是同领导者相处不冷不热，保持远距离，没有什么友谊和感情可言，最终形成隔阂。

领导者的赞扬不仅表现了对下属的肯定和赏识，还表明领导很关注下属的事情，对他的一言一行都很关心。有人受到赞扬后常常高兴地对朋友讲："瞧我们的头儿既关心我又赏识我，我做的那事儿，连自己都觉得没什么了不起，却被他大大夸奖了一番。跟着他干气儿顺。"

3. 领导者与下属同甘共苦的时候。一个领导者，两个下属，再加一间小屋，几个人同心协力，白手起家，终于独占鳌头，成就自己的事业大厦，这样的例子在商业史上数不胜数，许多企业巨头由此而来。

他们的成功靠的是领导者与下属同甘共苦、患难与共。在这种情况下，上下的心往一块贴，劲往一处使，还有什么困难克服不了？又怎么不会使他们成功呢？

其实，与人共患难并不是一件困难事，因为危难情况下，共渡难关，同舟共济往往是唯一选择。但困难的是危难之后，苦尽甘来，仍能与下属共享安乐。

历史上，重耳即位之前深得介子推的帮助。他即位之后，就论功行赏，功大的封邑、功小的晋爵，各得其所。介子推不愿受封，重耳仍把绵上封为介子推的祭田。众臣此后更加竭力相投，终于帮助他打败楚国。

以史为鉴，我们可受到不少启发，作为一名领导者，身处逆境时，与下属共渡难关，时来运转时，千万不可独自居功，尽享成果，唯有如此，才能赢得威望，得到下属爱戴，共创公司大业。

因此，作为一名领导者，对待下属要以义为重，能与下属同甘共苦。那么，怎样才能做到这一点呢？

①逆境中，与下属同心协力。哪个公司都有运气不佳时，哪个领导者也都有身处逆境之时，这时，一个出色的领导者应做一个好的舵手，看准方向，动员所有下属共同努力，充满自信面对困难，千万别端着架子，指使别人，危船上，你也要尽一份力，否则旗倒船翻，你自己也要掉进海里。

②时来运转莫忘难兄难弟。当时来运转，春风得意之时，千万不能翻脸不认人，即所谓过河拆桥，忘恩负义。这样的领导者会为人所不齿，谁愿意自己拼命保全的竟是一个忘恩负义的小人，一旦领导者魅力丧失殆尽，并且背上不义气的骂名，难兄难弟不会再为你效力，新来的人也会望风而逃。

这时，不妨慷慨解囊，为下属加官进薪，让他们分享你的成果，使其自身的满足感和成就感得以实现。切不要排斥有功下属，落得骂名。

一个团队的发展壮大依靠领导者和团队成员的共同努力，同舟共济。而患难与共之中形成的上下关系才是最牢固的关系。身为领导者，一定要做到与下属同甘共苦，要安不忘危，才能真正激发下属的干劲，使事业蒸蒸日上。

4. 被委以重任的时候。无论何时何地，人们都希望有自己的地位。有许多低层的员工，他们从不考虑工作的整体，要想休息就不去上班。一旦职位高升，反而会认为"工作第一"。许多基层员工总是与上司呈敌对状态，一旦赋予他某种责任，他就会改变态度，热心督促员工工作。

另外，每个人都希望自己的地位节节攀升。你若经常置某人于某个位子上，他会渐渐地降低工作意念。因此，领导者必须让他成为实力更高的人，使他们能得到较高的地位，这样才能调动他们的积极性，更好地投身于工作。

因此，你在批评下属没有责任感，缺乏干劲之前，不妨先确定其地位，提高他们的责任感，启发干劲，这都是有效的方法。

5. 有强大竞争对手的时候。所谓，生于忧患，死于安乐。如果下属没有面临竞争的压力，没有生存压力，他们就容易产生惰性，不思进取，这样的人没有前途，这样的团队也会没有前途。因此，领导者必须从上任那天起，让所有人知道，只有竞争才能生存，同时给他们施加竞争压力，让他们深刻体会到，适者生存、优胜劣汰的道理。

举个简单的例子：看到邻居新购了一辆轿车，你虽然不那么阔绰，但为了面子问题，也可能会用分期付款的方法或向亲朋好友借钱来买一辆车。这个现象在工作上也有同样表现，如同期进入公司的两个人，常常会暗自攀比，彼此都有不愿输给对方的观念，这都是竞争意识造成的。

6. 才尽其用的时候。每个人都有自己的兴趣爱好、特长品质。不同的是，他们的能力不同，兴趣不同。如果他们的工作与自己的兴趣特长相吻合，那么就会有一种"如鱼得水"的感觉，在工作中，就会充分发挥他们的积极性；反之，如果才不能尽其用，就容易产生逆反心理，郁闷、低沉，这样是不会做好工作的。

身为领导者，你应该注意观察每个下属的特点，然后根据其特性，委以不同的工作，使其"才尽其用"。如果你能做到这一点，相信你领导的部门及下属将会前途无量。

把人才搭配出最佳使用效果

现代管理的理论与实践都证明：合理的人才组合是团队人力资源规划的关键，也是一个团队能否对外发挥最大潜能的关键。合理的搭配用人，不仅能充分发挥每一个人的个体作用，而且可使群体作用功能达到 1＋1>2 的状态，并在整体上取得最佳效果。随着现代科学技术的发展，很多研究、攻关项目是需要体现多边互补原则的。这里既需要有知识、能力互补，又需要性格、年龄等方面的互补。

丹麦天文学家第谷有杰出的观察能力，经过日积月累，得到大量天文观察资料。但是，他的学说仍然没有摆脱托勒密地心说的束缚。1600 年，他请了一位助手，德国天文学家开普勒。虽然开普勒的观察能力不如第谷，但他的理论分析和数学计算才能却非常突出。合作不久第谷去世，在第谷大量的观察资料和自己的分析计算基础上，开普勒大胆提出了著名的、对以后的航天事业有着深远影响的开普勒三大定律，这也有力地证明了"互补效应"。

需要强调的是，人才组合不一定都要追求"强强联手"，重要的是要追求优势互补，将不同类型的人才进行合理的搭配。

为提升合理搭配人才的技巧，可以考虑以下几点：

1. 高能为核。以能力高的人为核心，才能荟萃群英，调动各方面的积极性和创造性。所以，必须选好团队各部门的正职。在各部门的工作中，也要注意培养各领域的带头人，作为一个个"高能核"发挥凝聚作用。

2. 异质互补。不同专业、性格、气质的人在一起，往往能互相激发想象力，各司其职，各得其所。任何一个团队在配备人才，尤其是领导班子时，一定要注意才能、性格等各方面的互补。班子成员中既有统御三军的帅才、又有领兵打仗的将才，还有协调八方的相才、执行决策的干才、精通业务的专才。如果大家的性格、能力都差不多，不但无法互补，还容易造成相互排斥、相互否定，甚至相互拆台，形不成整体合力。

3. 德才不逾。贤能取舍是一个自古以来争论不休的问题。我们说"高能为核"，前提是坚持品德的要求，特别是团队的重要领导岗位。品德败坏的人是不能交予大权的，他们能量越大，危害就越大。

总而言之，团队合理的人才结构应该是"贤者在上、能者居中、工者在下、智者在侧"。智者在侧，是说团队要组成智囊团，他们不参与直线职能，而是集中精力于制定高瞻远瞩的战略战术。对于单个的人，委任时也要考虑其品德。有德有才，信而用之；有德无才，帮而用之；无德有才，防而用之；无德无才，弃而不用。

212

4. 同层相济。首先，要让团队的中、高、低各层次人才保持合适的比例。虽然因为不同的产品特点、组织结构，会导致比例各异，但一般说来，同一个层次的人不可过多，比如公司副职。否则，他们在升迁等问题上就会"撞车"，在日常工作中也容易扯皮和彼此拆台。

其次，让不同部门的同层人员保持一定的可比性。加入 A 部门的一般职员的能力比 B 部门的经理都强，人们便会抱怨 A 部门，而想方设法挤到 B 部门或者其他水平不高但升迁很快的地方去。这会使公司陷入混乱。

5. 动态调整。企业面临的外部环境是不断变化的，所以人才的搭配不能一劳永逸。领导者可以不断寻求最佳的人才搭配，如年龄、性别、专业技能等方面的比例和组合等。还可以通过选拔、招聘、晋升调任、开发培训等方法来调整。另外，当团队目标、工作情况有大的变动时，须做出较大范围甚至全面的调整。

另外，企业在用人过程中还应注意在一定程度上打破部门壁垒，有针对性、有计划地让人才作合理流动，让人才能在各方面学习，在更广阔的天地里发挥作用。同时，这也是一种培养全面人才的手段。如果人才不能合理流动，在小环境里，容易窒息人才，使团队丧失活力。

优秀的领导者不仅要看到单个人才的能力和作用，更重要的是要组织一个结构合理的人才群体。要将不同类型的人才进行合理的搭配，并把他们放在最合适的地方，互补互足，相互启发形成一个有机的整体。通过这样合理的组织结构来弥补人才的不足，以求达到人才使用的最佳效能。

让每个人都觉得自己有升迁可能

人通常具有永不满足、追求向上的动力。没有谁愿意永远生活在别人的光辉之下，没有谁愿意永远躬身谦卑、经年累月地重复着昨天。只要不是平庸之辈，都应有晋升的机会。

升职是人人都有的梦想，却不是人人都能实现的梦想。人人渴望早日坐上主管的位子，渴望更加有所作为，但主管位子只有一个，盯着它的人不少。若想在事业旅途中一路攀升，又何止是埋头苦干所能换来的！

渴望晋升，渴望最大限度地释放出生存价值，这就是希望之梦。所谓"人往高处走"，无非希望自己能有更大的进步，能够在事业发展上步步高升。提拔得当，可以产生积极的导向作用，培养优秀下属积极向上的精神，能够激励全体下属的工作热情。

用人的一个基本原则是"适才适用"，即不受年龄、性别的限制，而是依才干、品德、经验来决定升降。松下认为，这也应该是提拔人才的准则。

但是，受论资排辈的传统习惯的影响，在强调适才适用的同时，也要考虑按资历的提升，即把提升与工作时间的长短挂起钩来。和年轻人比较起来，年长者经验充足，他们的资历和经验这两项很受年轻人的爱戴和拥护，所以对团队的业务也会大有帮助。

按资历和按适才适用原则提升，两者各有优点，怎样协调呢？松下幸之助认为，在提升的时候，考虑的因素要是资历占70%，才干占30%，这样才比较合适。如果是相反，就可能因经验不足而闹出笑话来。但是，提拔一个人的时候，并不一定是有100%的把握。如果确信某人有60%的能力，便可以试着提拔到再高一级的职务上。应该注意到的是，有些人看起来只有60分，但由于领导的信赖和支持，往往能出色地完成工作。

有资历的老员工容易令人信服，而年轻人突然被提到高职，可能就不是如此了。因此，提拔有才干的年轻人，就不仅要"扶上马"，还要"送一程"。

什么是晋升的依据呢？工作的业绩是最重要的晋升依据，其他全是次要的。一个人在工作岗位上的表现，可以作为预测其将来表现的依据。切忌将人的个性以及自己主观的喜好作为晋升的依据。晋升不是利用他的个性，而是为发挥他的才能。这也是最公正的办法，不但能服众人之心，而且能堵住后门，让众多"走后门"者碰壁。

根据可测成果选拔人才，对晋升者及其他下属都是公平的。但一定要注意不能让这种表面的公平造成事实上的不公平，牺牲了团队的效率。从晋升者来讲，从熟知的、最能发挥特长的岗位，调到一个较陌生的会处处遇到障碍却可能无力解决的岗位，这更像是一种罚而非一种奖。而奖励有多种形式，为优秀者提供良好工作条件，促使其有良好职业发展前景可能是最好的奖励。如果给科技专家一个大的科研项目，往往比给他一个脱离其本行的行政职位所产出的效益要大得多。

如果在其他方面有能力的人被提拔到不能正常发挥其能力的岗位，而这方面的合格者却因为在与自己能力不匹配的工作中未取得好的成就而被排斥在外，每个人都未得到自己合适的位置，最终结果是使团队业整体上处于管理混乱、效率低下状态，这是得不偿失的。

从这一点看，对下属的提升不应仅以业绩为唯一标准，而应根据他的所长给予其合适的职位。这样才能更好地调动下属的积极性，使其对工作有满足感而充分享有自尊。

此外，还要避免以下几点：

1. 不戴有色眼镜。在用人问题上，人们最厌恶的是用有色眼光来看人。所谓用有色眼光看人，就是带着感情色彩，带着成见看人。正如当前社会流行的一种说法，用有色眼光看人的人，往往是他"说你行，你就行，不行也行；说你中，你就中，不中也中；说你不行，你就不行，行也不行。"这种带有色眼光看人，古今中外，屡见不鲜。

2. 不以貌用人。正如泰戈尔说的："你可以从外表的美来评论一朵花或一只蝴蝶，但不能这样来评论一个人。"以相貌取人，判人，没有丝毫科学依据。事实上其貌不扬的人中，有不少人是很有才学的；而相貌出众的人中，也有不少平庸之辈。

3. 不搞求全责备。天地无全功，圣人无全能，万物无全用。金无足赤，这是自然界现象；人无完人，这是人文学的真理。过分苛求他人的人，最终他也会被现实所不容的，成为孤家寡人。"水至清则无鱼，人至察则无徒"。这是前人总结出来的经验之谈。

把"刺头"使用成"箭头"

在很多团队中，都有所谓的"刺儿头"，这些人狂妄自负，根本不把任何人放在眼里，但团队的很多事情偏偏离开他们还不行，这些"刺儿头"可谓是另类的能人。怎样处理与这些人之间的关系，如何应对由这样的人引发的组织冲突，对于我们这些领导者来说，实在是一个相当有难度的挑战。

这些"厉害"的下属，确实令我们十分头痛，该怎样处理？如果将他们全部炒鱿鱼，以保持团队的纯洁度，到最后就可能形成一个非常听话却平庸无比的团队——根本无从创造更高的管理绩效。所以，我们要像毛泽东同志所说的那样："团结一切可以团结的力量！"把这些"厉害"的人物都团结起来，充分利用这些有强大能力或特殊资源的人，为我们团队的共同目标去努力。作为领导者，我们赋予这些另类的能人以重任，不但可以有效减少组织冲突，甚至还可以让这些拥有各种资源和能力的人积极效力。

有这样一个故事：

林肯任美国总统时。有一天，参议员蔡思来他的办公室跟他谈事情，正巧一位名叫巴恩的银行家前来拜访他。巴恩看见蔡思从林肯的办公室走出来，对林肯说："总统先生，如果您要组阁，千万不要使用此人，因为他是个极其自大的家伙，他甚至对人吹嘘他比您要伟大得多。"林肯笑了，说道："哦，是吗？除了他，您还知道有谁认为他自己比我伟大得多的？"巴恩答道："据我所知，没有。您为什么这样问呢？"林肯说："因为我想把他们全部选入我的内阁。"

事实上，巴恩说的没错，蔡思确实是个骄狂自大而且嫉妒心重的家伙。他狂热地追求权力，曾参与总统竞选，不料落败于林肯。最后，只坐上了第三把交椅——财政部长。不过，他也的确是个大能人，精于财政预算与宏观调控。林肯一直十分器重他，并通过各种手段尽量减少与他的冲突。

后来，《纽约时报》的主编亨利·雷蒙顿拜访林肯，也特地好心提醒他，蔡思正在策划竞选，谋求总统职位。林肯以他一贯的幽默口吻对亨利说："听说你也是在农村长大的，我想你一定知道马蝇。有一次，我和我弟弟在农场里耕地。我赶马，他扶犁。被我们使唤的那匹马很懒，磨磨蹭蹭不愿干活。但是，某个时刻它却突然干活很卖力，跑得飞快。我想找到原因，便仔细观察他全身，这才发现，原来一只很大的马蝇叮在它的屁股上。我伸手正准备把马蝇打掉，我弟弟问我为什么要打掉它。我说不忍心看着马被它咬。弟弟说：'哎呀，你不懂，就是因为有那家伙叮着，马才跑得那么快呀。'"然后，林肯意味深长地对亨利说："现在正好有一只名叫'总统欲'的'马蝇'叮着蔡思先生，只要它能使蔡思不停地跑，我还不想打落它。"林肯的胸襟和用人之道，使他成为美国历史上最伟大的总统之一。

事实上，在实际工作中，我们很应该学习林肯总统，把那些像蔡思先生一样"另类"又有强大能力或特殊资源的能人充分利用起来，为团队的发展奠定坚实的基础。

通常情况下，这些人之所以敢做"刺儿头"，不外乎以下原因，我们完全可以对症下药，让他们为我所用：

1. 有背景

"背景"是一个人最大的资源。"刺儿头"的背景或许是当地重要人物，或许是老板，也可能是你工作中的某个具有重要意义的"合作伙伴"。从积极方面看，"背景"这种资源若能为我们所用，在某些关键时刻能起到不可替代的作用。往往用常规方法无法处理的难题，到了这类人手里，有可能只是一句话的事儿。

但这类人特殊的背景，在带来好处的同时，也为我们平添了许多麻烦。"刺儿头"们有的并无真才实学，却在工作中常常有意无意地向同事或上司炫耀自己的背景，以显示自己的面子和在工作中得到便利。比如，即便犯了错，仗着有"背景"他们也可以免受处罚。对于这类人，我们需要把握好一个尺度。

2. 高学历、高能力、技艺独到、经验丰富

正因为他们具有一些其他人无法比拟的优势，所以能够在工作中表现不俗，其优越感更进一步地凸现。这种优越感发展到一定程度，直接体现为高傲、自负，以及野心勃勃。他们不屑于和同事们交流和沟通，独立意识很强，协作精神不足，好大喜功，小事不爱做，不把领导放在眼里，甚至故意无条件地使唤别人以显示自己的特殊性。从工作能力上看，他们都是"精英"，是团队的骨干力量，但从管理角度来看，这些人很多时候扮演了一个"组织破坏者"的角色，可能会因此造成其他同事的反感，也可能因为与其他同事越走越远而成为团队冲突的源头。

对付这类"刺头"，我们一定要沉得住气，不要和他们斤斤计较。但该批评时要敢于批评，适当挫一下他们的锐气；该表扬时要表扬，

激发他们更进一步的热情。在这一柔一严之间，让他们心甘情愿地接受驱使，为我所用。

3. 性格"另类"、开朗、有个性

得益于自身的性格，这类人一般都具有不错的人缘。而且，那"上蹿下跳"的天赋令他们很善于集结关系。我们可以将其从"死板"的工作方式中解放出来，令他们充当"急先锋"。如，给他们一些策划团队集体活动的工作，让他们充分发展个人能力，为团队创造良好的氛围，这样便可发挥出他们的最大效用。

值得一提的是，所谓另类，即意味着他们往往不会拘泥于形式，这或许正是我们所头疼的——纪律规范、条条框框对他们而言，似乎并无约束力。那么，如此一来，我们辛苦建立起来的工作秩序会不会被他们所搅乱呢？其实，这也是有必要考虑的，不过最终还是要看我们这些领导者怎样依据特点、凭借谋略驾驭这类人，处理团队关系了。

CHAPTER 09

释放权利，肝脑涂地
——高明的领导不仅是授权高手，更是控权老手

授权也是分权，会分权还要会控权。授权与控权的成功与否，从大的方面来讲，决定着团队的兴衰成败；从小的方面来讲，影响领导者的领导力以及工作的顺利开展。因此，授权必不可少，但控权也不可忽略。

你越包揽，下属就会越懒散

一位著名企业家在做报告。当听众咨询他最成功的做法时，他拿起粉笔在黑板上画了一个圈，只是并没有画圆满，留下一个缺口。他反问道："这是什么？""零"、"圈"、"未完成的事业"、"成功"，台下的听众七嘴八舌地答道。他对这些回答未置可否："其实，这只是一个未画完整的句号。你们问我为什么会取得辉煌的业绩，道理很简单：我不会把事情做得很圆满，就像画个句号，一定要留个缺口，让我的下属去填满它。"

领导者事必躬亲，是对下属能力的打压，出发点可能是好的，但往往事与愿违。久而久之，又容易使下属养成惰性，责任心大大缺失。他们会将责任全部推给领导。情况严重的时候，会使下属产生腻烦心理，就算工作中有难题、有疏漏、有错误，也不愿意向领导者提出。真正卓越的领导者，应该在为下属画好蓝图之后，懂得给他们留下空间，让他们去发挥才智，也许他们会画得更好。但是，有不少领导者并不善于恰当地运用手中的权力，什么事都不放心，都要亲自过问。在这种对权力的严控中，领导者成了最忙最累的人，而整个管理局面却又迟迟难以打开。

鉴于这种情况，美国著名管理顾问比尔·翁肯曾提出了一个十分有趣的理论——"背上的猴子"。在这一理论中，"猴子"就是指团队中各成员的职责。对于任何一个团队来说，每个成员都有自己的职责，当他们加入团队以后，领导者就按照下属的职责，分配给他们不同的"猴子"。团队成员的工作就是完成自己的职责，也就是喂养自己的"猴子"。

在"猴子理论"中，团队的成功，归根结底取决于"猴子"的健康。显然，如果团队成员能够出色地完成自己的职责，他所喂养的"猴子"就是健康的；但若他无法胜任自己的工作，不能履行自己的职责，他所照料的"猴子"就会生病。"猴子"生病无疑会影响团队的整体竞争力。而要想使"猴子"健康起来，关键在于协助下属完成自己的职责，提高其工作能力，或者将其调离，让能够胜任的人来承担这一职责。

然而，很多领导者却在这一问题上跌了跟头。他们一看到有"猴子"生病了，就迫不及待地把它接过来，亲自喂养。他们认为，这样可以使"猴子"尽快康复，殊不知这种做法却会使更多的"猴子"变得脆弱不堪。

替下属"背猴子"的做法从眼前来看，似乎使解决问题的速度加快了；但若从长远的角度来看，领导者直接接管下属的工作，会阻碍下属的成长，剥夺下属独立解决问题的权利，长此以往，下属就会丧失解决问题的能力，就会变成事事处处"听命令、等指示、靠请示"的"应声虫"，失去主动性和独立性。

对于领导者来说，替下属"背猴子"的行为也会将自己推入一个领导怪圈——当领导者接收了某一部属看养的"猴子"时，其他部属或为推卸责任，或图自己轻闲，也会主动将本该自己看养的"猴子"推给领导。这样，用不了多久，领导者就会陷入堆积如山、永远处理不完的琐事中不能自拔，甚至没有时间照顾自己的"猴子"——实施计划、组织、协调和控制的职能。

对于一个领导者来说，替下属"背猴子"的做法是不可取的。领导者亲力亲为是造成团队效率低下的最主要原因。不仅如此，领导者的亲力亲为还会打击下属的工作热情，甚至造成人才流失。古人说："自为则不能任贤，不能任贤则群贤皆散。"用今天的话说就是，如果领导者事必躬亲，就是对下属工作的不信任，不信任导致不肯放权，凡事都亲自出马，而不肯放权又会进·步加重下属的不信任感，感觉自己的价值不被承认，最终导致人才流失。过于能"干"的领导，往往会导致有才能的下属流失，剩下的是一群不愿使用大脑的庸才，这样的团队的战斗力可想而知。

诸葛亮是个很好的谋臣，但却不是一个好的领导者，他"事必躬亲，呕心沥血"为蜀国事业奋斗终生，但却没有培养出一个能够独当一面的领导团队，以致在他死后"蜀中无大将"，从而使得国家倾覆。

翁肯的"猴子管理"法则的提出，目的在于提醒领导者，高效的领导就是在适当的时间，由适当人选，用正确的方法，做正确的事。一个高明的领导者习惯于教下属如何捕鱼，而不是送他一条鱼了事。因为他们知道，剥夺他人的主控权，去喂养他人的"猴子"，并不能从根本上帮他们解决问题，真正能够帮助他们的是耐心地教给他们方法，并容忍他们在成长中的错误。

第二次世界大战时，有人问一位将军："什么人适合当头儿？"将军回答说："聪明而懒惰的人。"领导者的主要工作是什么呢？不是替下属"背猴子"，而是杰出的管理大师们口中的"Find the right way, find the right person to do"，即"找到正确的方法，找到正确的人去实施"。

只有不替下属"背猴子"，你才能不被"琐碎的多数的问题"所纠缠，而有充足的时间去思考和处理"重要的少数的问题"。一个成功的领导者不是整天忙得团团转的人，而是悠然自得地掌控一切的人。

不论是何种层级的领导者，一旦患上了亲力亲为的"职业病"，团队就危在旦夕了。领导者本人会被"琐碎的多数"纠缠得无暇顾及"重要的少数"，从而使团队失控；而每一个团队成员都会被卷入"忙的忙死了，闲的闲得想辞职"的漩涡中，从而失去战斗力。更可怕的是，亲力亲为的职业病还可能使领导者忘掉"让专业的人去做专业的事"的基本管理原则，从而导致领导的彻底失败。总之，领导者越想通过亲力亲为做好事情，就越会使事情变得一团糟；越想眉毛胡子一把抓，就越是什么都难做好，越难提升整个团队的绩效。

身为领导者，如果能让下属独立去抚养他们自己的"猴子"，下属就能真正地管理好自己的工作。这样领导者就会有足够的时间去做规划、协调、创新等重要的工作，从而使整个团队保持持续良好的运作。

亲力亲为在某种程度上是一种无能的表现，同时也是对权力资源的极大浪费，为聪明的领导者所不愿为、不屑为的。

有一位成功授权的公司主管这样描述他的工作职责：我每天的工作成分，有百分之九十五是为了未来五年、十年、二十年做预先计划，换句话说，是为未来而工作。至于那些已经试办并有成就的事我很少插手，最多只管百分之五的事务，其余都归常任人员去做和负责，我只定期花少量时间去检查他们的进展如何。

授权之后，领导者的角色由工作的实施者变成工作的控制者，只有完成这一角色转换，授权才能走上合理、有效运行的轨道。

授权技巧务必要恰到好处

很多领导者都知道授权的重要，但有的能授好，有的却授不好，为什么呢？一个关键的问题在于授权者的态度。比较正确的态度应当包括以下五个方面的内容：

第一，取下属之长。任何人都有长处和短处，如果授权者能够着眼于下属的长处，那么他就可对下属放心大胆地予以任用。如果只看到下属的短处，那他就有可能由于担心下属的工作而对其加倍操心。所以，身为领导者，对于下属不妨先用七分的眼光去看长处，再用三分的眼光去看缺点，以强化自己对下属的信任感。

第二，权责相伴。领导者将本部门的工作目标确定以后，需要交付下属去执行。既然如此，就有必要将其相应的权力同时授给下属。

身为领导者，应该使自己成为一个明白人，把权力愉快地授予承担相应工作的下属。当然，所授的权力不是没有边际的。最重要的是两权：即下属对有关问题包括人事任免可以做出决定的——决定权；对有关的人可以发号施令，让其做特定事情的——发令权。这样，下属会因此感到上司对自己的信任和期望，为了不辜负这种期望，就会一心一意地去拼命工作。

第三，授权不是弃权。授权就是让下属有自主权，像自己当领导一样获得尊重与肯定，具有相当程度的成就感。授权并不是要你授权之后什么都不管，当团队遭遇极大难题，下属解决不了，此时你仍必须亲自出马解决，绝不能坐视不理，让团队蒙受损失，那就失去了授权的意义。

第四，视下属为事业伙伴。要做到成功的授权，必须视下属为事业伙伴，每个人都期望得到领导的赏识——若他们的心里有这种感受的话，就会尽全力为此奋斗。

第五，让下属有学习的机会。人不是生下来就会做事，任何事情都是学来的，即使是领导者也不例外。一定要允许下属犯错，让下属有学习与犯错误的机会，从错误中吸取教训，积累经验。领导者应精心教导，有心栽培值得信赖的可挖掘其潜力的下属，耐心地教导他们。

作为领导，应该大胆地授权，让下属自由发挥。这样，团队才留得住优秀的人才，这也是一个团队的持续发展之道。在这里，再为领导者提供五个"有效授权"的窍门：

第一，寻找可以授权的任务。如果你发现有的任务与工作不能向下属授权，需要反问自己：为什么不能授权？

第二，要熟悉你要授权的下属的背景、技术水平、资格、文凭及工作能力。

第三，在授权后，当下属需要支持与帮助时，你能够及时出现，为下属解疑答问，提供必要的帮助（尤其在下属刚开始接收授权之时）。如果在授权后，需要下属独立做出决定，你要让被授权的下属知道他拥有这种决策权。出现问题时，如果你不在场，安排其他人代替你帮助下属。

第四，与被授权下属沟通时要传达明确的信息。我们如何传达明白无误的信息呢？我们需要把不同的有效方式结合在一起，向下属传达我们的建议与指示。在检查下属是否理解自己的指示与建议时，要善于耐心地倾听。

第五，要检查被授权下属的工作进度，或者制定工作进度检查表，随时监督工作的进程。及时向下属反馈意见，在必要的时候纠正下属工作中的偏差，或者支持下属坚持不懈地完成工作。

此外，领导者向下属授权时，有几个问题需要特别注意：

第一，"因事择人，视能授权"。一切以被授权者才能的大小和水平的高低为依据，对被授权者进行严密的考察，力求将权力和责任授权给最合适的人。

第二，必须使被授权者明确所授事项的任务、目标和权责范围。

第三，所委托的工作，应当力求是被授权者感兴趣，乐于完成的工作，双方应建立相互依赖的关系。所授的工作量以不超过被授权者的能力和体力所能承受的负荷为限度，适当留有余地。

第四，一般只能对直接下属授权，绝对不能越级授权。否则，会造成中层领导的被动，增加管理层和部门之间的矛盾。不可将不属于自己权力范围内的事授予下属，否则势必造成机构混乱，争权夺利等严重后果。

第五，尽量支持被授权者的工作，被授权者能够解决的问题，授权者不要再作决定或指令。

第六，凡涉及有关全局问题的，如决定团队的目标、方向和重大政策等，不可轻易授权。一般应由有关部门提出方案，最后由高层领导直接决策。

原则性问题一定要把握好

"管理学本身到底是什么"，这是管理学家们常谈不辍的话题。其中的一个结论是：管理学既是一门科学，又是一门艺术。即是说它随实际领导者的领悟力和才情而呈现出不拘一格、五彩缤纷的局面。作为一种管理技能的授权，同样是科学和艺术的结合。它其中既包含着能用科学概括、归纳和总结的东西，又有只能依赖于艺术思维去把握的内容。

为了探讨各种授权所具有的共同性的准则，我们需要了解授权所涵盖的范围是怎样的，即授权的内容：用钱之权；用人之权；做事之权。

授权中的"用钱之权"需要注意的问题有五个，即考虑预算内或预算外账目的种类、金额的大小、正式或非正式的授予形式及下属的级别层次。

授权中的"用人之权"包含两个方面。其一，决定某个时间内要增加若干人数的权力；其二，在这些增用的人员中，选用特定人员的权力。

授权中的"做事之权"需要依据下属个人能力、工作性质等因素授予，以期下属能够自动地、及时有效地承担面临的例行工作，而不必事事都去请示上司。

授权，要符合领导活动的规律，要有利于实行有效的统率与指挥。授权，应遵守一定的原则，按一定的科学程序进行。基本上应遵循以下几大原则：

1. 合理授权

这是指通过合理的程序，为实现合理的目的而进行的正当授权，是领导者授权应当首先坚持的基本原则。坚持这一原则，要求领导者给其下属授权要做到适当，也就是不要过分。领导者如果授权过重，也就是超过合理的范围，难免要发生问题。这个原则是对授权的范围来说的，即不能把不该授的权都授出去。

2. 有目的授权

授权要体现其目的性。首先，授权要以组织的目标为依据，分派职责和委任权力时都应围绕团队目标来进行，只有为实现团队目标所需的工作才能设立相应的职权；其次，授权本身要体现明确的目标。分派职责时要同时明确下属要做的工作是什么，达到的目的标准是什么，对于达到目标的工作应该如何奖励等。只有目标明确的授权，才能使下属明确自己所承担的责任，盲目授权必然带来混乱不清。

3. 带责授权

领导者授权并非卸责。权力下授，并未减轻领导者的责任。领导者授权给下属，还要把责任留给自己。这也是授权的一项基本原则。但是，领导者在向下授权的同时，也必须明确被授权者的责任，将权力与责任一并赋予对方。这种授权方式不仅可以有力地保证被授权者积极去完成所承担的任务，而且可以堵住上下推卸责任的漏洞，使被授权者也不至于争功诿过，而会忠于职守，努力工作，发挥自己的主动性和创造性。这种带责授权的做法，体现了责权一致的精神。

4. 因事设人，视能授权

领导者要根据待完成的工作来选人。虽然一个高明的领导者主要是从所要完成的任务着眼来考虑授权，但在最后的分析中，人员配备作为授权系统至关重要的一部分，是不能被忽视的。被授权者或受权者的才能大小及知识水平高低、结构合理性是授予权力的依据。一旦领导者发现授予下属职权而下属不能承担职责时，领导者应明智地及时收回职权。

5. 无交叉授权

在现代组织中，即使是一个小的公司，也会有多个部门，各部门都有其相应的权利和义务。领导者在授权时，不可交叉委任权力，那样会导致部门间的冲突，甚至会造成内耗，形成不必要的浪费。

6. 以信为重

信任是授权、用权的关键。领导者授权有没有效，用权能否好，很大程度取决于它。领导者不信任的授权，等于没授权。放碗不放筷，想放又不敢放，放后又干涉，放了又收，收了又放，犹犹豫豫，反反复复，这些态度都是不信任的表现。坚持信任原则，领导者就要摒弃包办主义，就要彻底放权，真正做到"将在外，君命有所不从"，放手让人家去干。对于这一点，古今中外，历史上的成功者、现代的企业家，都非常懂得，不信任的授权将一事难成。

7. 有效控制的授权

高效的管理人员在实施授权前，应先建立一套健全的控制制度，制定可行的工作标准和适当的报告制度，以及能在不同的情况下迅速采取补救措施的制度。控制系统的设计和控制技术的运用，是授权主管需要学习和掌握的管理技巧，其中最重要的一点是要求主管具有非凡的眼光和气魄。

8. 宽容失败的授权

真正的授权，就是这样，是不能怕下属失败的。领导者怕失败而不敢充分授权，一是对被授权者的潜在能力缺乏了解，二是害怕失败自己担责任，缺乏允许让下属失败的勇气。国外的一些成功的企业家，总是这样的教导部下："别怕什么失败，充分行使你的职权吧！全部责任由我来负！"在他们看来，办什么事情，失败的可能性都是经常存在的，试验100次获得的成功，还有99次是失败，怕失败，就不能坚持，就注定会失败。

授权以后，让下属看到你的信任

现代社会活动错综复杂，一个领导者即使有三头六臂，也不可能独揽一切。一个高明的领导者，其高明之处就在明确了下级必须承担的各项责任之后，授予其相应权力。从而使每一个层次的人员都能司其职，尽其责。领导者除了做出必要的示范外，一般对部属无须太多干预，不宜事无大小一律过问。

领导者授权要注意责权统一的原则。授予部属一定的权力，必须使其负担相应的责任，有责无权不能有效地开展工作；反之，有权无责会导致不负责任地滥用权力。

领导者在授权时要考虑两个因素：

第一，要看公司规模的大小。公司规模越大，上层领导与基层工作距离越远，需要处理的各种事务越多、越复杂，领导者就应把更多的具体权力授予熟悉情况的部属；授权范围应视领导者能够弄清问题并做出正确决策的范围而定。

第二，要看公司业务活动的性质。业务活动的专业性越强，领导者就应授予负责该项业务活动的部属以更大的权力，允许其在业务活动范围内做出决断，这是避免"外行领导内行"的瞎指挥的一个重要措施。

在授权时，领导者还要考虑部属是否愿意接受权力和能否胜任指派的工作。有些下级并不总是欣然接受所授予的权力的，如果他们对问题本身不感兴趣，或者不愿意承担更多的责任，领导者也不必勉强。

有的领导者担心部属把事情弄糟，在授权时常常犹豫不决，甚至宁愿自己动手去做，这样领导就难以摆脱琐事的纠缠，而又使部属得不到锻炼。

当然领导者授权时还要考虑：哪些权力是必须保留而不下授的？一般说来，领导者至少要保留以下几种权力：事关公司前途的重大决策权；直接部属和关键部门的人事任免权；监督和协调各个部属工作的权力。这些权力均属领导者本人工作范围内的职权，不宜下授。

领导者在权力授出之后，还必须加强对部属的检查和协调工作，以观察部属能否正确使用所授予的权力。领导者只要能掌握一套强有力的检查控制系统，运用行之有效的检查控制方法，就能保证部属各司其职，各尽其责，使各项工作得以高效地开展。

人才特别是知识分子，大多有较强的自信心和自尊心，有成就感和荣誉感，有通过自己的努力去完成某项工作或某种事业的心情和愿望。因此，领导者应该充分信任他们。

授权之后就放手让他们在职权范围内独立地处理问题，使他们有职有权，创造性地做好工作。对他们的工作除了进行一些必要的领导和检查外，不要去指手画脚，随意干涉。无数事实证明，这是一项用人要诀和领导艺术。信任人、尊重人，可以给人以巨大的精神鼓舞，激发其事业心和责任感，而且只有上级信任下级，下级才会信任上级，并产生一种向心力，使领导者和被领导者和谐一致地工作。相反，当一个人的自尊心受到伤害时，他就会本能地产生一种离心力和强烈的情绪冲动，影响工作和同志关系。

授权与信任密切相关。一个领导者，如果不相信下级，那么就很难授权予下级，即使授了权，也形同虚设。有的领导一方面授权予下级，一方面又不放心，一怕他不能胜任，二怕他以后犯错误。对有才干的人还怕他不服管，具体表现为越俎代庖，包办了下级的工作；越权指挥，给中层领导造成被动；不懂某方面的专业知识，却干涉下级的具体业务，甚至听信谗言，公开怀疑下级等，凡此种种，都会挫伤下级的积极性，不利于下级进行创造性的工作。

作为领导者，要想充分发挥下级工作的积极性和创造性，一方面要放权，使下级在一定范围内能自主决断。另一方面要设身处地为部属着想，勇于承担部属工作中的失误，不能出了成绩是领导有力，有了过失即部属无能；要言而有信，不能出尔反尔，言行不一，否则部属就会对领导失去信任，领导也会因此而丧失威信。

古人云："非得贤难，用之难；非用之难，任之难也。"用人不疑，疑人不用。领导者应该把目标、职务、权力、责任四位一体地分授给合适的下级，并充分地信任他们，放手让他们工作。这才是作为领导者所应有的风格。

总的来说，领导者把目标、职务、权力和责任四位一体地分派给合适的下属，充分信任他们，放手让他们工作，是用人的要领。

信任不是放任，授权不能甩手

授权不是撒手不管，撒手不管的结果必然是导致局面失控，而失控会抵消授权的积极作用，后果不堪设想。所以怎样做到既要授权又要避免失控，既要调动部属的积极性和创造精神，又要保持领导者对工作的有效控制，就成为授权工作中必须解决的问题。

我国春秋初期杰出的政治家管仲在《七法》中讲过："重在下，则令不行。"说的就是下级的权力过大，超越了合理的范围，国家的政策法令就不能顺利地贯彻执行。

战国末期杰出思想家韩非子在《孤愤》中论述过："万乘之患，大臣太重；千乘之患，左右太信。"这话的意思是说，无论大国小国，祸患都在于君主过分宠信左右臣子，让他们拥权过重。

历史上有许多例子说明不合理的向下授权，会造成严重的后果。法国国王路易十四，晚年宠信"外表文静、内心暴戾"的神父勒泰利埃，竟使他滥用权力，大肆迫害反对他的教徒，监狱里关满了无辜的平民。

我国明朝皇帝熹宗朱由检，授予宠臣魏忠贤不合理的权限。不管魏忠贤启奏何事，他都是一句话："你看着办吧，怎么办都行！"结果，促使魏忠贤胆大妄为，遍设特务组织锦衣卫，肆无忌惮。

　　许多领导者常常会将信任与放任混为一谈。放任下属的后果是：不但把放权的成绩冲得一干二净，还会殃及整个团队。身为领导者不可不慎重！

　　有的领导者每次向下属交代任务时总是说："这项工作就全拜托你了，一切都由你做主，不必向我请示，只要在月底前告诉我一声就可以了。"

　　这种授权法会让下属觉得：无论我怎么处理，领导都无所谓，可见他对这项工作并不重视，就算是最后做好了，也没什么意思。领导把这样的任务交给我，不是分明小看我吗？不负责任地下放职权，不仅不会激发下属的积极性和创造性，反而会适得其反，引起他们的不满。

　　宏基公司总裁施振荣从任命刘英武为宏基执行总裁后，就让自己陷入了争吵和痛苦之中。刘英武当时是美国电脑界最有声望、职务最高的华人。施振荣将他招入公司，几乎不假思索就把公司所有的经营决、策权交给了他。

　　刘英武一上任，就采用高度集权的管理方式，放弃了公司长期实行的"快乐管理"。他独断专行，不允许下属发表过多意见。他做了一系列失败的收购决策，导致公司遭受巨大损失，员工为此议论纷纷，人心浮动。施振荣无奈，只好重掌帅旗，整顿公司。

　　为什么声名赫赫的刘英武带给宏基的却是灾难，施振荣怎样做才能避免出现这种尴尬的局面？答案不言而喻，因为施振荣的授权是一种没有控制的授权。如果施振荣能在刘英武上任之前，对他的权力做出限制，让他了解组织中哪些东西可以改变，哪些不能，对他的决策权力进行一定的指导和控制，并建立错误纠正机制，就可以避免这些结果再出现。

对放任进行预防的最好办法，就是监督。高明的授权法是既要下放一定的权力给下属，又不能给他们以不受重视的感觉；既要检查督促下属的工作，又不能使下属感到有名无权。若想成为一名优秀的领导人，就必须深谙此道。一手软，一手硬；一手放权，一手监督。这样的领导才算深谙放权之道。

美国一位管理学家说：控制是授权管理的维生素，授权管理的本质就是控制。有些领导者对授权有疑惑，误认为自己既然授权，就可对任何事都不闻不问。其实，这是个错误的观念。卓有成效的领导者不仅是一个授权的高手，更应该是一个控权的高手，否则，会使授权失去意义，使公司遭受损失。

授权必须是可控的，不可控的授权就是弃权。或者说，领导者的诀窍就是给下属两件物品，一件是绳子另一件是糖块。绳子是约束机制，控制被授权者的权限范围；糖块是激励机制，是激发下属在权限范围内，最大限度地发挥潜力。

善于授权的领导者，同时也必须是善于控权的领导者，二者相辅相成，才能确保对系统实施有效控制，确保组织有序运行。

大权要独揽，小权需分散

在团队的实际工作中，许多领导者整天忙得焦头烂额，希望每件事情经过他的努力都能圆满完成，这种事事求全的愿望虽然是好的，但常常收不到好的效果。

美国杜邦公司第三代继承人尤金，在掌管杜邦公司之后，坚持实行一种"凯撒式"的经验管理模式，对大权采取绝对控制。公司的所有主要决策和许多细微决策都要由他独自制定，所有支票都得由他亲自开；所有契约也都得由他签订；他亲自诉信复函，一个人决定利润分配，亲自周游全国，监督公司的好几百家经销商；在每次会议上，总是他发问，别人回答。

尤金的绝对式管理，使杜邦公司组织结构完全失去弹性，很难适应变化，在强大的竞争面前，公司连遭致命的打击，濒临倒闭边缘。与此同时，尤金本人也陷入了公司错综复杂的矛盾之中。最终，尤金因体力透支去世。合伙者均心力交瘁，两位副董事长和秘书兼财务长也因劳累过度相继离世。

显然，最终将领导者击垮的不是那些不可战胜的挑战，反而是一些微不足道的小事。追其根由，一是在于领导者不善于授权，二是即使进行了授权，也不是充分的授权，导致领导大事小事一起抓。

对此，管理专家的分析是这样的：第一，若你的下属如你这样聪明，做得百分之百像你一样好的话，则他早就去当老板了；第二，你从不给他机会去尝试，怎会知道他做得不好？充分授权给他们，他们也许就可以体会你的意思，了解你的要求，做到举一反三。

尽管一个称职的领导者必须是一个"万事通"，但是，领导不是"管家婆"，不能包揽一个公司大大小小的事。聪明的领导者就应该把自己手中的大部分权力释放给下属，这不仅能让他们有机会发挥自己的优势，而且能为自己省下宝贵的时间去做更重要的事情。

美国著名管理顾问斯蒂芬·柯维发现，现代社会许多大小公司的领导者、部门主管早已被信息、电讯、文件、会议掩盖得透不过气来。几乎任何一项请求报告都需要他审阅，予以批示，签字画押，他们为此经常被搞得头昏眼花，根本无法对公司重大决策做出思考，在董事会上他们很可能是最为无精打采的一类人。他们每天都忙忙碌碌地工作，然而效率却不高，原因就是他们被一些琐碎的事给拖住了后腿。

领导者处于管理的中心地位，在权力的运用上，应做到大权独揽，小权分散。集权是指团队中一切事务的决策权均集中在领导者手中，部下的一切行动必须按照领导者的指令、决定去办。分权则是指部下在其管理的范围内的一切措施均有自主决定权，不必请命于领导者。而领导对其下属权限内的事项也不随便加以干涉。

集权若发挥得好，有如下优点：政令统一，步调一致，力量集中，有利于统筹全局。集权如果发挥得不好，也有极大缺点：领导会滋长专制独裁，部下则缺乏主动性、积极性和创造性。

分权如果发挥得好，有以下优点：能较好地发挥个性和特长，较灵活地应付局势的变化，下属可积极主动地工作。分权如果发挥得不好，会产生以下弊病：不利于统一指挥协调，难以形成合力，容易滋长本位主义。

放权激励是密切上下级关系，提高管理水平和管理效能的法宝。一个团队的领导，如果能给下属以参与管理和决策的机会，团队的生产、管理、效益和精神面貌，将会呈现出一种积极向上的态势。

智慧的领导者往往"大权独揽，小权分散"，这样既能控制下属，又能让下属感到受重视而尽力工作。领导在向下属分配任务时，只需从总体上把握，告诉他们你的期望与需求，仅此而已，具体的内容不必过于苛求。

授权与监控都要炉火纯青

充分授权而缺乏有效的监控，会导致授权失败。所以领导者在授权的同时，必须进行有效的监督控制。

英格拉姆是某公司生产部门的经理，他很懂得授权的艺术。作为一名主管，他知道授权的重要性，并知道如何有效地运用它。他把大部分的工作都授权给他人做，自己很少加班加点，更不会把工作带回家去。

他从来没有被工厂的问题所困扰。当被问及他成功的秘诀时，英格拉姆说："我没有秘诀，一般来说，我安排任务以后，我会进行跟踪，监控检查。"

及时有效的监控手段是推动项目沿着既定的轨道按部就班运行的措施。如果缺乏行之有效的监控手段，就容易造成放任自流，最终导致授权流于形式、达不到预期效果或彻底宣告失败。

领导者在把权力下放给合适的下属后，要想让他们有出色的表现，还要懂得"扶上马，送一程"。通过"送一程"，确保合适人选与他的合适位置上升到珠联璧合的至高境界，让授权取得成功。这意味着，在授权后，领导者除了需要说："现在，你可以放手去干了。"还需要告诉下属："如果有需要，就来找我吧！"

更明确一点来说，领导者交代一项任务给下属后，并不代表他的责任就已经完成了，还应该负起另一项重要职责——给予下属适时的帮助和指导。

那么，授权之后，领导者如何进行监督和控制呢？下面几点颇为重要：

第一，命令追踪。

有些领导者在授权之后，常常忘记自己发出的指令，而对于命令进行追踪是确保命令顺利执行的最有效方法之一。

命令追踪的方式有两种：

①领导者在发布授权指令后的一定时期，亲自观察命令执行的状况；

②领导者在发布授权指令的同时与下属商定，命令下达后，下属应当定期呈报命令执行状况的说明。

在进行命令追踪时，领导者必须明确追踪的目的，其中包括：控制命令是否按原定的计划执行；考虑有无足以妨碍命令贯彻的意外情况出现；考核下属执行命令的效率；反思、检讨本人下达命令的技巧，以便下次改进命令下达的方式。

基于这样的目的，高明的领导者在命令追踪中，会把目光集中于：下属所履行任务的质与量；工作进度和工作态度；下属是否有发挥创造性的余地；命令是否是合适的，有无必要对命令本身做出修正，或下达新命令取而代之；下属是否确切地了解命令的含义，并按命令的精神完成任务。

第二，全局统御。

授权的目的是把主管们从具体事务中解放出来，使他们有更多的时间和精力思考全局的问题，这样会比事事躬亲时更能统御全局。

有效的全局统御会在几个层面上进行：

①对团队的控制。高明的领导者常常采用纵向画线、横向划格的管理模式来实现团队控制。纵向画线即界定各部门对上、下的权限；横向划格即界定下级各部门之间的权限。

②对工作的控制。领导者对工作的控制表现为静态和动态控制。静态控制是对工作目标、工作计划、规章制度的制定做到心中有数；动态控制是在工作过程中，为预防和纠正失误、偏差而采取的指挥、调整和协调手段。

③对下属的控制——领导者们往往对控制"人"感到头疼，在对

人的控制上，更显示出领导者"方法与艺术结合"的能力。

第三，监督进度。

一个高明的领导者会根据授权，对自己的控制技术作细致的挑选和改造，以适应授权这种特殊的管理形式。命令下达后，领导者还要注意监督其进度如何，监督的时候要注意：

①监督工作进展，尽量避免干涉下属的具体工作；

②以适当的方式提出意见或提醒；

③确认绩效，兑现奖惩。

第四，有效的反馈。

有效的反馈需要把握如下要点：

①反馈应具体化而非一般化；

②反馈依赖数据说话；

③反馈要针对事件而不是针对人；

④把握反馈的良机；

⑤反馈是确定的、清楚的，可被准确理解的。

第五，审查并改进授权。

尽管有些领导者也实行了授权，但是，由于他们没有正确掌握授权方法，没有按照授权的基本程序去授权（或是未能选准授权对象；或是授意不明；或是忽视必要的追踪检查等），因此，效果并不好。

可见，实行有效的授权，掌握正确的方法也是十分必要的。不掌握正确的方法，要想取得好的效果，是绝对不可能的。因此，领导者需要不断学习授权技巧，并在授权的过程中注意审查和改进自己的授权技巧，不断提高自己的授权能力。

　　一位成功的领导者说得好："授权就像打篮球一样，不是把球交到谁手里，责任就是谁的，就什么也不管了。一定要考虑整体局势，进行控制，相互照应。这样，被授权者的智慧才会获得增长，才能有足够的力量去完成授权任务。"